Ich will die Heldin meines Lebens sein!

MEIN KREATIVES EINTRAGBUCH

Fanny und Anne-Sophie LESAGE
Marie BRETIN

GROH

HABEN SIE SICH AUCH SCHON MAL DEN KOPF DARÜBER ZERBROCHEN, WIE MAN DAS PERFEKTE LEBENSGLÜCK FINDET, DEN WEG ZU EMOTIONALEM ERFOLG ODER DAS IDEALE INNERE GLEICHGEWICHT?

Wollten Sie auch schon mal so sein wie diese scheinbar vollkommen glückliche Frau im Café, die wie die Verkörperung von Selbstsicherheit und Zufriedenheit wirkt, so, als ob nichts sie erschüttern könnte?
Sie haben die Antwort bei Nietzsche gesucht, im Frühstücksfernsehen und im Aquarellmalkurs in der Volkshochschule, sie aber nicht gefunden?

Greifen Sie hoffnungsvoll zu diesem Buch. Vielleicht beschert es Ihnen eine Erkenntnis, mit der Sie nicht gerechnet hätten.
Und zwar die, dass Ihnen diese glückliche und selbstsichere Frau nähersteht, als Sie gedacht hätten. Ja, Sie können es ruhig glauben: Sie begegnen ihr jeden Morgen im Spiegel und dann im Laufe des Tages immer wieder. Denn sie steckt mehr oder weniger in Ihnen selbst, und sie verlangt nur eines: dass Sie ihr noch ein kleines Stück näherrücken, indem Sie sie ein wenig herausfordern und ihr **ZIELE** setzen. Und dass Sie etwas Abstand zur gewohnten Routine nehmen, zum vertrauten Alltagstrott.

Keine Angst, Sie müssen Ihr Leben nicht von Grund auf ändern und in zehn Schritten zu einer Marathonläuferin oder einem Topmodel mutieren. Nein, keineswegs! Es geht nicht darum, perfekt zu werden, sondern darum, den eigenen Alltag zu verändern: ***Bereichern Sie Ihr Leben, wagen Sie sich aus Ihrer Komfortzone heraus … dann sind Sie auf dem besten Weg, zur Heldin Ihres Lebens zu werden!***

Ja, zu einer Heldin. Zu einer Frau, die sich in ihrer Haut wohlfühlt und mit ihren Schwächen leben kann. Eine Frau, die in der Lage ist, das Schöne rings um sie herum zu erkennen, eine Frau, die anderen, aber auch sich selbst zuhören kann. Die nie vergisst, dankbar zu sein für das, was das Leben ihr schenkt, die sich aber durchaus traut, »Stopp!« zu sagen, wenn es ihr zu viel wird. Und die die Dinge auch von ihrer heiteren Seite betrachtet.

»Seien Sie Ihre eigene Heldin!«

Dieses Buch zeigt Ihnen, wie diese Verwandlung gelingen kann. Auf jeder Seite begegnen Sie einem kleinen Ziel, das Sie dem Glück und der guten Laune näher bringt. Alle Methoden sind von uns erfolgreich getestet worden! Wir, das sind Fanny und Anne-Sophie, Zwillingsschwestern in ihren Dreißigern. Eines Tages beschlossen wir, unser Leben ein wenig aufzupeppen, indem wir uns kleine Ziele setzten. »Mindestens drei Stunden lang nicht ärgern.« (Schwierig!) »Aus einem Kilo Orangen einen Frühstückssaft zaubern« oder »Einen anspruchsvollen Film anschauen, um später im Büro damit zu prahlen.« Dadurch wurde uns klar, dass manchmal nur ein Wort, eine Tat oder eine Idee genügt, um den Alltag zu verändern. So entstand die Idee für den Blog *Holi Me* (www.holi-me.com), in dem wir unsere Erfahrungen jeden Montag mit den Leserinnen teilen. Lassen Sie sich auf das Abenteuer ein, zur Heldin Ihres Lebens zu werden!

Zuerst aber müssen wir noch etwas klären. Ein **ZIEL** – was soll das eigentlich sein?

Der Psychiater Michel Lejouyeux erklärt die Eigenschaften eines *positiven* Ziels so:

- Es verblüfft oder macht sogar ein bisschen Angst.
- Es bringt verborgene Fähigkeiten zum Vorschein.
- Es lässt sich einfach und schnell erreichen.
- Es landet nicht auf der ellenlangen To-do-Liste der nicht umsetzbaren guten Vorsätze.

Kurz und gut: Ein Ziel sollte den Anreiz geben, sich auf ein ABENTEUER einzulassen. Also, sind Sie bereit?
Übrigens können Sie sich schon jetzt gratulieren: Die brillante Frau, die Sie in Wirklichkeit sind, hat praktisch schon die Hälfte geschafft, indem sie dieses Buch erwarb. Jetzt müssen Sie nur noch … Was? Sie haben sich das wahrscheinlich schon viele Male gefragt: »Wie soll das funktionieren? Überfordert mich das nicht? Was passiert, wenn ich es nicht schaffe? Ich gehe doch schon zum Synchronschwimmen, zum Veganerkochkurs und in die meditative Häkelgruppe, habe ich da überhaupt noch Zeit für solche Herausforderungen?« Stopp, keine Panik! Wir werden Ihnen alles ganz genau erklären.

In diesem kleinen Buch, das Sie hoffentlich bald überallhin mitnehmen, haben wir die Ziele und die Wege, sie zu erreichen, anschaulich erklärt.

DAS PROGRAMM SIEHT FOLGENDERMASSEN AUS:

52 ZIELE. Ja klar, so viele, wie das Jahr Wochen hat. Man kann also eines pro Woche in Angriff nehmen, wobei das nicht vorgeschrieben ist, ebenso wenig wie die Reihenfolge. Sie können sich einzelne Ziele herauspicken und selbst entscheiden, wann Sie sich an das nächste heranwagen.

RATSCHLÄGE VON EXPERTEN UND COACHS, Erfahrungsberichte, Interviews mit inspirierenden Frauen, die uns ihre Tricks und Erfolgrezepte verraten. Und dazwischen immer wieder nette kleine Überraschungen, damit Sie auf Ihre persönliche Entdeckungsreise gehen können …

Es ist ein bisschen auch unser Abenteuer,
vor allem aber Ihres, und wir hoffen,
dass es die Heldin in Ihnen
ans Tageslicht lockt!

BEVOR SIE SICH INS ABENTEUER STÜRZEN, SOLLTEN SIE DIESEN KLEINEN TEST MACHEN, UM ZU PRÜFEN, OB SIE DIESES BUCH ÜBERHAUPT BRAUCHEN:

In letzter Zeit verspüren Sie immer wieder den Wunsch, alles aufzugeben, weil Sie denken: »Die Wahrheit ist woanders zu finden.«

Sie haben schon x-mal den Link zum Artikel *»Wie werde ich zur coolsten Frau des Universums«* angeklickt. Weil Sie aber keinen Zugang dazu gefunden haben, haben Sie den Laptop wütend auf den Boden geworfen. Und das ist nicht der erste Ihrer PCs, den dieses Schicksal ereilt hat.

Sie suchen das Glück … auf dem Boden Ihres Rotweinglases.

Getrieben von Ihrer Sehnsucht nach Abenteuern, haben Sie sich mit Ihrer Schwiegermutter für eine TV-Realityshow angemeldet, mit dem Ziel, bei den Massai Ziegen zu hüten.

Wenn es Ihnen ähnlich geht, ist dieses Buch genau das richtige für Sie! Und jetzt geht es los, ohne Wenn und Aber!

GLÜCK

INHALTSVERZEICHNIS

DIE ZIELE VON #1 BIS #52, UM SIE NACH LUST UND LAUNE HERAUSPICKEN ZU KÖNNEN!

SELBSTVERTRAUEN

LOSLASSEN

ZUFRIEDENHEIT

#29 #GoGirl: Ich verteile Liebe
#31 Es ist Partyzeit!
#32 Ich arbeite mit anderen zusammen
#34 Ich hole gute Laune ins Haus
#40 Ich werde ab jetzt grüner
#42 #GoGirl: Ich vollbringe eine gute Tat
#45 Ich wähle eine positive Haltung
#47 Ich mixe mir eine Schale Energie
#50 Ich tue, als müsste man für SMS (wieder) bezahlen
#52 #GoGirl: Ich übernehme die Hygge-Haltung

SELBSTÜBERWINDUNG

#2 Ich schreibe eine Postkarte, weil mich das glücklich macht
#5 Ich mache mir den Morgen schön
#9 Ich räume auf, also bin ich
#20 Ich schreibe eine Bucket-List
#22 And the winner is ...
#28 Open your mind! Ich erweitere meinen Horizont
#36 #GoGirl: Ich tratsche nicht - 4 Stunden lang
#37 Ich rede mit einem Fremden
#39 Buuh! Ich stelle mich meinen Ängsten
#43 Ich stelle meine Beziehung ins Rampenlicht
#48 #GoGirl: Ich höre mit dem Aufschieben auf!
#51 Ich beginne (wieder) mit Sport

BEWUSSTSEIN

#8 Danken - aber wem?
#12 #GoGirl: Ich rufe jemanden an, um ihm zu sagen, wie viel er mir bedeutet
#15 Ich lerne meditieren
#20 Ich schreibe eine Bucket List
#30 Carpe diem. Ich pflücke den Tag
#35 Ich denke daran, dass ich ganz klein bin
#38 Ich nehme mir Zeit für mich, vor dem Aufstehen
#40 Ich werde ab jetzt grüner
#41 Ich finde mein Gleichgewicht
#52 #GoGirl: Ich übernehme die Hygge-Haltung

ZIEL #1

SELBSTVERTRAUEN

Ich GRATULIERE mir selbst

BEWERTEN SIE IHR SELBSTVERTRAUEN AUF EINER SKALA VON 1 BIS 10:

- ZWISCHEN 0 UND 3: In Gesellschaft flüstern Sie nur, um die anderen ja nicht zu stören. Wenn man Sie auf der Straße anrempelt, entschuldigen *Sie* sich.

- ZWISCHEN 4 UND 6: Es geht so einigermaßen, könnte aber noch besser sein.

- ZWISCHEN 7 UND 10: Sie sind Ihr eigener größter Fan!

Wenn Sie zwischen 0 und 6 Punkte haben, sollten Sie das Bild, das Sie von sich selbst haben, dringend überarbeiten!

Zur Anregung

SOPHIE MACHOT

COACH, AUTORIN UND BLOGGERIN,
ERTEILT UNS WICHTIGE RATSCHLÄGE:

SCHREIBEN SIE DREI IHRER POSITIVEN EIGENSCHAFTEN AUF:
Erfragen Sie sie zuerst bei Freunden, Verwandten und Kollegen. Notieren Sie sie auf Zettel und pinnen Sie diese auf ein Memoboard, auf das Sie täglich schauen.

FÜHREN SIE EIN TAGEBUCH IHRER TRIUMPHE:
Notieren Sie in einem schönen Heft jeden Abend vor dem Schlafengehen die kleinen und großen Erfolge, die Sie im Laufe des Tages erzielt haben.

WERFEN SIE SICH DAFÜR BLUMEN ZU – UND NOTFALLS AUCH DIE VASE HINTERHER.

ZIEL #2

ZUFRIEDENHEIT SELBSTÜBERWINDUNG

Ich schreibe EINE POSTKARTE, weil mich das GLÜCKLICH MACHT

Es ist zweifelsfrei erwiesen: Es macht glücklich, sich um seine Mitmenschen zu kümmern. Martin Seligman, der Vater der Positiven Psychologie, rät, täglich fünf Minuten aufzuwenden, um seinem Partner, den Kindern oder einem Kollegen eine nette Überraschung zu bereiten. Auf diese Weise erzielen Sie »doppeltes Wohlgefühl«: Bei sich selbst Zufriedenheit und bei den Beschenkten Freude über Ihre Aufmerksamkeit.

ZUM EINSTIEG EINE KLEINE

PRAKTISCHE ÜBUNG:

SCHREIBEN SIE EINE POSTKARTE
oder auch einen Brief (z.B. an Ihre Tante oder an einen Freund oder eine Freundin, den/die Sie schon lange nicht mehr gesehen haben).

Wählen Sie dafür eine hübsche Karte aus, mit einem Motiv, das dem Empfänger gefallen wird.

ENTDECKEN SIE DAS NOSTALGISCHE VERGNÜGEN DES BRIEFE-SCHREIBENS UND GENIESSEN SIE DIESE ANGENEHME ERFAHRUNG. HIER KÖNNEN SIE VERSCHIEDENE STIFTE AUSPROBIEREN. WELCHER WIRD IHR LIEBLINGSSTIFT FÜR DIESE ÜBUNG?

ZIEL #3

LOSLASSEN

Ich LÖSE mich vom Alltagstrott …

E.N.D.G.Ü.L.T.I.G.

Manchmal ist das Leben wie eine Keksdose:
Man weiß immer schon vorher, was man bekommen wird:
einen Keks!

Sie fühlen sich in Ihrer Alltagsroutine gefangen? Sie haben den Eindruck, dass ein Tag dem anderen gleicht, sodass sich die einzelnen Wochentage nur noch durch das Fernsehprogramm unterscheiden?

ICH MACHE MEINEN ALLTAG
BUNTER UND BAUE IN MEINE ROUTINE EIN:

PRIVAT

IM BERUF

ZIEL #4

ZUFRIEDENHEIT

ICH WERDE ZU
Amélie

Erinnern Sie sich an die Heldin des Films *Die fabelhafte Welt der Amélie*? Es machte sie glücklich, die Hand in einen Sack mit Kaffeebohnen zu stecken, die Kruste ihrer Crème brulée aufzubrechen oder Kieselsteine übers Wasser springen zu lassen.

GENIESSEN SIE WIE AMÉLIE DIE KLEINEN FREUDEN DES LEBENS!

Brauchen Sie Inspiration?
Wie wäre es damit:

Nach dem Kuchenbacken den Teig aus der Schüssel schlecken.

An einem teuren Parfum schnuppern.

Die Bläschen einer Luftpolsterfolie nach und nach zum Platzen bringen.

Dirty Dancing zum 5231. Mal anschauen.

Die verpackten Geschenke in Ruhe unter dem Weihnachtsbaum betrachten.

An einem Mittwochnachmittag um halb fünf einen Cosmopolitan trinken.

Zur Musik einer alten Schallplatte vor sich hin träumen.

Sich bei einem Platzregen nicht unterstellen, sondern die Himmelsdusche genießen.

Ein Moodboard der alltäglichen kleinen Freuden anlegen.

STÜRZT EUCH AUF DIE KLEINEN FREUDEN!

ZIEL #5

ZUFRIEDENHEIT SELBSTÜBERWINDUNG

Ich mache mir DEN MORGEN SCHÖN

Morgens ist man nicht immer bei bester Laune.
Aber was, wenn sich das morgendliche Glück
im Kühlschrank versteckt?
Vergessen Sie das ewige Marmeladenbrot
und den Maschinenkaffee …

Zur Anregung

CHLOÉ

VOM LOKAL »CHLOÉ CUISINE EN VERT«
VERRÄT UNS ZWEI IHRER REZEPTE
FÜR EIN VITAMINREICHES FRÜHSTÜCK!

CHIA-SMOOTHIE MIT KOKOSMILCH & FRISCHEN FRÜCHTEN

- 25 cl Kokosmilch
- 1 EL Frischkäse
- 2 EL Chiasamen
- 2 EL Agavensirup (alternativ Ahornsirup oder Honig)
- 1 Handvoll frische Früchte
- 1 Handvoll Nüsse (Pekannüsse, Walnüsse oder Haselnüsse)
- Trockenfrüchte (Kokosflocken, getrocknete Beeren, Rosinen)

Am Vorabend Kokosmilch, Frischkäse, Chiasamen und Agavensirup in einer Schale vermengen und bis zum Morgen kühl stellen. Mit den frischen Früchten, Nüssen und Trockenfrüchten servieren.

KAFFEE-BANANEN-MANDEL-SMOOTHIE

- 20 cl Mandelmilch
- 1 Banane
- ½ Avocado
- 1 ½ TL Kaffee
- 2 TL Ahornsirup

Mixen und genießen!

Der MOND

macht mir KEINE ANGST!

Amel Bent

DAS SUPER-INTERVIEW MIT:

Audrey Akoun

MADAME BONHEUR

Audrey ist Psychotherapeutin und Autorin. Sie verrät uns, wie man dem Leben seine schönen Seiten abgewinnt!

WARUM HAST DU MORGENS SCHON SUPERKRÄFTE?

Ursprünglich war ich Notarin, doch als ich vor 15 Jahren einen Burn-out hatte, beschloss ich, Psychotherapeutin zu werden. Seit zwölf Jahren freue ich mich jeden Morgen auf meine Arbeit. Ich mag meinen Beruf, weil ich etwas Sinnvolles mache. Jeder Tag bereichert mich mit der Vielfalt an Anforderungen. Die Liebe zu meinem Beruf verleiht mir schon früh am Morgen Superkräfte.

EIN SUPERRATSCHLAG FÜR DEN ALLTAG?

Stellen Sie sich eine Brille vor, deren Design Ihnen gut gefällt und die es Ihnen ermöglicht, das Leben klarer zu sehen. Setzen Sie sie so oft wie möglich auf. Denn nicht das, was mit uns geschieht, ist wichtig, sondern das, was wir daraus machen. Das ist eine wichtige Grundregel der Positiven Psychologie.

WAS TUST DU, UM DAS UNIVERSUM ZU RETTEN?

Gemeinsam mit meiner Kollegin Isabelle Pailleau habe ich die »Glücksfabrik« gegründet. Durch Beratungen, Kurse für Firmen, unsere Bücher und auch öffentliche Auftritte helfen wir Menschen, zu sich selbst und zu ihrem Glück zu finden. Ich bin mir sicher, dass dadurch positive Energien entstehen, die dem gesamten Universum guttun.

WO LÄDST DU DEINE ENERGIE AUF?

In der Küche, gleich nachdem ich zu Hause angekommen bin. Schon als Kind habe ich gerne gekocht. Lebensmittel bewusst auszuwählen und daraus köstliche und zugleich gesunde Gerichte zu zaubern, entspannt mich und stillt mein Bedürfnis nach Schönem und Gutem.

WAS RAUBT DIR DIE SUPERKRÄFTE?

Ich habe vier Kinder im Alter zwischen viereinhalb und zwanzig Jahren und bin weder eine superlässige noch eine superängstliche Mutter. Aber wenn es einem Kind nicht gutgeht, leide ich mit, ihre Verletzlichkeit beunruhigt mich. Wenn eines von ihnen krank ist, versuche ich dennoch, einen kühlen Kopf zu behalten, um ihm beizustehen.

WELCHE SUPERFRAU WÄRST DU GERNE?

Ich bin ja schon eine. Vor 15 Jahren verwandelte ich mich vom Wunderweib zur Superunperfekten. Letztere ist eine Heldin des Alltags, die ihr Bestes gibt, aber auch ihre eigenen Schwächen akzeptiert. Sie opfert ihr Wohlbefinden und ihre Lebensfreude nicht auf dem Altar der Vollkommenheit, sondern versucht, ein authentisches, ehrliches Leben zu führen. Ihre Schwächen machen sie liebenswert für alle, denen sie etwas bedeutet. Ich persönlich mag die Superunperfekte auch sehr gerne.

WELCHES SUPERZIEL SCHLÄGST DU UNSEREN LESERINNEN VOR?

Beginnt euren Tag mit 20 Minuten sportlicher Aktivität im Freien. Ihr profitiert auf dreifache Weise davon: Eure innere Uhr reguliert sich, sodass ihr nachts besser schlafen könnt, es werden Hormone freigesetzt, die eure Stimmung positiv beeinflussen, und ihr steigert zudem eure Kondition. Ich habe vor zwei Jahren mein Auto verkauft und gehe seither zu Fuß zur Arbeit oder fahre mit dem Rad. Außerdem tanze ich gerne im Wohnzimmer bei offenem Fenster. Diese neue Angewohnheit schenkt mir ungeahnte Kräfte und hebt meine Stress-Schwelle an. Wenn ich mich bewege, fliegen mir neue Ideen nur so zu. Ihr glaubt, euch fehlt die Zeit dazu? Steht früher auf und steigt an einer anderen Station aus dem Bus oder der U-Bahn aus oder parkt weiter entfernt von eurem Arbeitsplatz.

SUPER
unperfekt!

ZIEL #6

LOSLASSEN

#GOGIRL

Ich schreite zur Tat … JETZT SOFORT!

ICH LASSE ALLES LIEGEN, UM ZU SINGEN UND ZU TANZEN!

Ein wilder Tanz à la Shakira, ein Lied von Céline Dion oder aber irgendein anderes Lieblingsstück … Sie werden spüren, wie befreiend das ist!

MEINE LIEBLINGSSONGS ZUM AUSTOBEN:

la la la!

ZIEL #7

ZUFRIEDENHEIT

HOME *sweet* HOME

Ich schaffe mir einen Kokon

Ein gesunder Geist auf einem weichen Kissen,
das soll unser Motto sein!

Ist Ihnen schon einmal aufgefallen, wie stark sich eine schöne Dekoration auf Ihr Wohlbefinden auswirkt und welche positiven Gefühle dadurch ausgelöst werden?

MEIN KOKON

ICH MÖCHTE FOLGENDES IN MEINEM WOHNUMFELD ÄNDERN:

ZIEL #8

BEWUSSTSEIN

DANKEN – aber wem?

Dankbarkeit auszudrücken macht uns glücklich!

Das ist einer der Grundsätze des Psychologen Tal Ben-Shahar, der als Professor in Harvard das Glücklichsein erforscht. Sie haben zu dem Mann, der Ihnen im Bus seinen Platz überlassen hat, »*Danke*« gesagt und fühlen sich trotzdem nicht sofort glücklicher? Das kann vorkommen. Dankbarkeit ist, wie vieles andere, etwas, an dem man arbeiten muss.

AN DIE ARBEIT!

Besorgen Sie sich ein schönes Heft, legen Sie es auf Ihren Nachttisch und tragen Sie jeden Abend alles ein, wofür Sie im Laufe des Tages dankbar waren. Eine lustige Unterhaltung mit einer Freundin, eine Aufmerksamkeit Ihrer besseren Hälfte, die Wiederholung Ihres Lieblingsfilms im Fernsehen … Die ersten Punkte können Sie gleich hier aufschreiben.

ICH EMPFINDE DANKBARKEIT FÜR:

- ♥ ______________________
- ♥ ______________________
- ♥ ______________________
- ♥ ______________________
- ♥ ______________________
- ♥ ______________________

Wir fangen gleich mal an:
Wir danken Ihnen dafür, dass Sie da sind!

TOP 5

HELDINNEN, die inspirieren

Auf dem Bildschirm beeindrucken sie uns durch Selbstvertrauen und Klugheit. Und wir fragen uns:
Warum sind wir nicht so?

ALICIA FLORRICK, *THE GOOD WIFE*

Wir bewundern ihre Hartnäckigkeit: Aus der über die Affäre ihres Ehemanns entsetzten Gattin wird im Laufe der Folgen und Staffeln eine starke Frau, die sich als Anwältin bewährt und Respekt einflößt.

CAROLINE INGALLS, *UNSERE KLEINE FARM*

Wir bewundern ihre Klugheit: Immer wenn sich alles gegen diese bedauernswerte Familie Ingalls zu wenden scheint, bleibt sie ein Fels in der Brandung. Caroline hat stets für jeden ein tröstendes Wort parat.

MICHAELA QUINN, *DOKTOR QUINN*

Wir bewundern ihre Dickköpfigkeit: Michaela streckt nie die Waffen und hört niemals auf, um Respekt und ihre Anerkennung als Ärztin in Colorado Springs zu kämpfen.

DAENERYS TARGARYEN, *GAME OF THRONES*

Sie beeindruckt uns: Sobald sie die Szene betritt, bleibt die Zeit stehen. Natürlich tragen ihre drei Drachen ihren Teil dazu bei, doch verfügt sie über ein Charisma, das uns inspiriert.

LYNETTE SCAVO, *DESPERATE HOUSEWIVES*

Sie verkörpert geradezu perfekt die Problematik, die uns Frauen heute fast alle betrifft: ein Gleichgewicht zwischen Privat- und Berufsleben zu finden. Die Werbefachfrau, Hausfrau und Mutter jongliert meisterlich mit ihren Aufgaben, ohne je etwas von ihrem Biss und ihrer Entschlossenheit einzubüßen. Daumen hoch, Lynette!

ZIEL #9

SELBSTÜBERWINDUNG

Ich RÄUME auf, also bin ICH

Das Außen aufräumen,
damit es meinem Innersten besser geht?
Weniger ist mehr? Zumindest behauptet das Marie Kondo, Autorin des Bestsellers *Magic Cleaning: Wie richtiges Aufräumen Ihr Leben verändert.* Darin geht es weniger um das Sortieren der Unterhosen nach Farben als darum, Aufräumen als eine Philosophie zu begreifen, die unsere Persönlichkeitsentwicklung unterstützt.

ALSO, RÄUMEN WIR NUN AUF?

SO SCHAFFE ICH MEHR ORDNUNG UND KLARHEIT
IN MEINEM LEBEN:

AUFRÄUMEN –
IM HIER UND JETZT!

ZIEL #10

ZUFRIEDENHEIT

Sag: CHEESE

Ich lächle strahlend

Lächle das Leben an, und es lächelt zurück? Wie wahr dieser Spruch ist, konnten Wissenschaftler belegen. Sie erforschten, wie gut das Lächeln uns und unserem Leben tut.

Der Einsatz lohnt sich: ein längeres Leben, eine stabilere Beziehung … Wenn man das liest, lächelt man doch sofort!

IHR AUFTRAG:

EIN ECHTES AUTHENTISCHES LÄCHELN ZEIGEN
Dieses wird nach dem Neurologen Guillaume Duchenne auch »Duchenne-Lächeln« genannt.

Dem Wissenschaftler zufolge heben sich bei einem echten Lächeln nicht nur die Mundwinkel, sondern es ziehen sich auch die Muskeln an den Augen zusammen. Das ist gar nicht so leicht vorzutäuschen. (Haben Sie es schon vor dem Spiegel ausprobiert?)

Mit anderen Worten: Es ist sinnlos, ein Lächeln vorzutäuschen. Man erkennt es sofort – achten Sie das nächste Mal darauf, wenn eine charmante Kosmetikverkäuferin Ihnen eine Antifaltencreme verkaufen will. Also: Lächeln Sie – authentisch!

ZIEL #11

LOSLASSEN

ICH HÖRE AUF, *überallhin* ZU RENNEN

Diese Herausforderung ist für die meisten von uns wohl am schwersten zu meistern. Gesellschaftliche Zwänge oder solche, die wir uns selbst auferlegen, treiben uns ununterbrochen hierhin und dorthin und machen uns zu wahren Marathonläuferinnen.
Wie können wir dagegen angehen?

ICH NEHME MIR ZEIT

DIE MAGISCHE FORMEL LAUTET: 5 MINUTEN.

5 MINUTEN UM …

5 Minuten sind eine sehr kurze Zeitspanne und doch können sie im Alltag viel bewirken und sogar unser Leben verändern.

Erfinden Sie
Ihre eigenen Rituale!

MEINE ZIELE UND ICH

EINE VERABREDUNG MIT SICH SELBST

Los, Mädels! Wir ziehen in Ruhe Bilanz und rufen uns jedes Ziel in Erinnerung!

HELDIN IM ALLTAG, HELDIN MEINES LEBENS!
DIE ZIELE, DIE ICH BEREITS ERREICHT HABE:

WAS HAT ES MIR GEBRACHT?

ZIELE, AN DIE ICH MICH HERANGEWAGT, DIE ICH ABER NOCH NICHT ERREICHT HABE. UND WARUM NICHT?

UND NUN GEHT ES WEITER,

immer heiter!

ZIEL #12

BEWUSSTSEIN

#GOGIRL

Ich schreite zur Tat … JETZT SOFORT!

ICH RUFE JEMANDEN AN, UM IHM ZU SAGEN, WIE VIEL ER MIR BEDEUTET

Blättern oder scrollen Sie Ihr Adressbuch durch, stoppen Sie bei einem Namen und rufen Sie die Person unverzüglich an, um ihr etwas Nettes zu sagen. Zählen Sie alles Positive auf, das Ihnen einfällt. Erklären Sie z.B., was Ihnen an ihr besonders gefällt. Wenn es Ihr Installateur ist, sagen Sie ihm, dass seit seinem letzten Besuch in Ihrem Haushalt alles in Ordnung ist und dass er eine Superarbeit geleistet hat!

6 7 8
5 9
4
3 2 1

ZIEL #13

ZUFRIEDENHEIT

Flower-POWER!

Ich schenke einer Freundin eine Blume

Anstatt darauf zu warten, dass man irgendwann einmal von irgendjemandem Blumen geschenkt bekommt, kann man doch auch selbst die Initiative ergreifen.

Überraschen Sie eine Freundin mit einer Blume – einfach so, ohne bestimmten Grund.
Nur, um eine Freude zu machen:
ihr und auch Ihnen selbst.

ICH SCHENKE BLUMEN

WELCHE BLUME PASST ZU WEM?

FÜR IHRE BUSENFREUNDIN

FÜR IHRE TREUE FREUNDIN

FÜR IHRE NEUE FREUNDIN

Flower-Power!

Was würde BEYONCÉ tun?

Ich schalte alles AUS

Ich schalte in den FLUGMODUS

Nehmen Sie sich eine digitale Auszeit.
Diese besteht darin, dass man sämtliche elektronischen Geräte ausschaltet, mit denen man sich umgeben hat, und sie ein oder zwei Tage lang auch ausgeschaltet lässt.
Den Super-Erreichbaren mag das zunächst sehr schwer fallen; deshalb sollten Sie schrittweise vorgehen.
(Keine Angst, wir haben es auch überstanden.)

BESTIMMEN SIE EINEN WOCHENTAG,

AN DEM SIE AUF TAUCHSTATION GEHEN:

LASSEN SIE IHR MOBILTELEFON ZU HAUSE.

TRENNEN SIE SICH EIN PAAR STUNDEN LANG VON IHM ...

MEINE ERFAHRUNGEN IM OFFLINE-MODUS:

DAS SUPER-INTERVIEW MIT:

Deedee

PARISERIN & LEBENSKÜNSTLERIN

Deedee ist eine lebensfrohe Pariserin, die uns in ihrem gleichnamigen Blog verrät, wie wir unseren Alltag verschönern können.

WARUM HAST DU BEIM AUFSTEHEN SCHON SUPERKRÄFTE?
Ich habe einen schlauen kleinen Trick: Ich stelle den Wecker eine halbe Stunde früher und kann mir dann mit dem Aufwachen eine köstliche halbe Stunde Zeit lassen.

EIN SUPERRATSCHLAG FÜR DEN ALLTAG?
Niemals das Frühstück überspringen! Man sollte sich immer Zeit für sein Nutellabrot nehmen und dazu einen guten Tee trinken. Die Zeit am Morgen ist ein kostbarer Luxus.

WAS TUST DU, UM DAS UNIVERSUM ZU RETTEN?
Diesen Ehrgeiz habe ich gar nicht. Stattdessen versuche ich einfach nur, meinem Alltag einen Sinn zu geben, sowohl bei der Arbeit als auch in der Freizeit mit Freunden, wenn ich ausgehe oder einkaufe … Die Jagd nach materiellem Wohlergehen steht über allem und macht uns zu Maschinen. Wir müssen wieder lernen, unserem Leben einen Sinn zu geben, uns um unsere Nachbarn zu kümmern … Ich glaube, das ist schon mal ein guter Anfang.

WO LÄDST DU DEINE ENERGIE AUF?
Am liebsten in einem kleinen Ferienhaus auf dem Land, gemeinsam mit Freundinnen vor dem offenen Kamin … Leider habe ich dieses kleine Haus auf dem Land gar nicht. Aber ein gutes Essen bei uns oder bei Freunden, guter Wein, eine brennende Kerze und Musik, die einen berührt …

WAS RAUBT DIR DIE SUPERKRÄFTE?
Die Angst, zu versagen.

WELCHE SUPERFRAU WÄRST DU GERNE?
Wonder Woman? Mir gefallen ihre knappen Shorts so gut!

WELCHES SUPERZIEL SCHLÄGST DU UNSEREN LESERINNEN VOR?
Sich einen ganzen Tag lang nicht zu ärgern. Das ist gar nicht mal so schwer!

ZIEL #15

BEWUSSTSEIN

Ich lerne
MEDITIEREN

Sie müssen sich ja nicht gleich in einem buddhistischen Kloster in Nepal anmelden! Meditieren kann man überall und zu jeder Zeit. Morgens zu Hause nach dem Aufwachen, im Bus auf der Heimfahrt nach der Arbeit … oder auch unter der Dusche!

AURÉLIA LANSON-VILLAT

GRÜNDERIN VON »MEDITATION AND THE CITY«, ERKLÄRT UNS, WIE MAN SICH IM HIER UND JETZT DUSCHT.

Sich »bei vollem Bewusstsein« duschen bedeutet, dass Sie sich die Zeit nehmen, das warme Wasser zu genießen, das über Ihre Haut rinnt, den Duft der Seife, das Wohlgefühl, das Sie beim Duschen empfinden. Denken Sie aber auch an all das, was Ihnen das Duschen ermöglicht, wie etwa das Privileg, fließendes warmes Wasser zur Verfügung zu haben. Achten Sie darauf, in diesem Augenblick an nichts anderes zu denken, weder an Sorgen oder Ängste, noch an Zukunftspläne oder Ärgernisse. Seien Sie einfach nur anwesend und genießen Sie bewusst. Wenn Sie dabei in irgendwelche Gedanken abschweifen, macht das nichts, denn Sie brauchen nur wieder in den gegenwärtigen Augenblick zurückzukehren.

ZIEL #16

LOSLASSEN

Into the wild!

HINEIN ins Abenteuer!

Lassen Sie sich auf ein einzigartiges Erlebnis ein, auf neue Begegnungen, auf eine Reise zu einem Ort, von dem Sie schon lange träumen (Koh Lanta, New York, Gelsenkirchen …)!

Auch wenn es einfacher ist, sich keinerlei Gefahren auszusetzen und im vertrauten Alltag zu verharren – nehmen Sie sich für heute ein ABENTEUER vor!

DIESE REISEN
MÖCHTE ICH GERNE VERWIRKLICHEN:

REISE ZU EINEM NEUEN ZIEL

EINE UNGEWÖHNLICHE REISE

Das Abenteuer wartet auf Sie!

ZIEL #17

LOSLASSEN

Wir TREFFEN UNS *in ... 3 Jahren!*

»Ohne langfristige Ziele, ohne Herausforderungen verliert das Leben seinen Sinn«, erklärt uns Glücksexperte Tal Ben-Shahar.
Und wenn wir uns hier gleich einmal ein paar Ziele setzen?

#Dabeisein #AberOhneAngst

SCHREIBEN SIE SICH EINEN BRIEF,

DEN SIE ERST IN DREI JAHREN ÖFFNEN WERDEN,
UND IN DEM SIE SICH EIN PAAR ZIELE SETZEN!

Für die zukünftigen Bestsellerautoren ...
Greifen Sie zu Papier und Stift,
um sich selbst auf wunderbar altmodische Art
einen Brief zu schreiben. Alle, die keine
schriftstellerischen Ambitionen haben,
finden hier unten eine kleine Vorlage:

Liebes Du, liebes Ich,

wenn ich hartnäckig genug war, werde ich in drei Jahren endlich ______________________
und vielleicht sogar ______________________
____
____

Ich werde endlich gemerkt haben, dass mein ganzes Glück im ______________________ *liegt.*

Deine

____

In drei Jahren lesen Sie diesen Brief erneut
und ziehen Bilanz.

Nimm es

ENDLICH IN DIE HAND,

es ist dein **LEBEN.**

Die Unbekannten

OK
1
2
3
4
GEFAHR
AUFGABEN
JA
schönes LEBEN
ENDE
DER RICHTIGE WEG

ZIEL #18

ZUFRIEDENHEIT

#GOGIRL

Ich schreite zur Tat …
JETZT SOFORT!

ICH SCHENKE MIR SELBST ETWAS – NUR MIR ALLEIN!

Eine Bluse, eine kulinarische Köstlichkeit oder auch ein zweites Exemplar dieses Buches … machen Sie sich selbst eine kleine Freude!

SCHREIBEN SIE HIER SPONTAN AUF, WAS SIE SICH WÜNSCHEN:

- Eine leckere Sahnetorte mit richtig viel Sahne
- ______
- ______
- ______
- ______

ZIEL #19

LOSLASSEN

Ich mache eine FUCK-IT-THERAPIE

Was haben die denn jetzt schon wieder erfunden?
Was verbirgt sich hinter dem englischen Begriff?
Wieder ein neuer Fashion-Slowfood-Lifestyle-Trend?

Nein, ganz und gar nicht.
Hierbei geht es vielmehr ums Loslassen.
Die »**FUCK-IT-THERAPIE**« hilft uns, öfter mal
»**Ist mir doch egal!**«, »**Stopp, jetzt reicht's!**«
oder einfach nur »**NEIN!**« zu sagen.

SIND SIE BEREIT, IHRE SORGEN WEGZURÄUMEN?

HÖREN SIE AUF, SICH EINEN KOPF ZU MACHEN

Grübeln Sie nicht länger über Kleinigkeiten nach, die im Grunde unwichtig sind. Legen Sie stattdessen eine Was-solls-Liste an, in der Sie all die kleinen lästigen Sorgen vermerken, die negativen Erwartungen und im Grunde lächerlichen Ängste, mit denen Sie sich ständig selbst quälen.

SUCHEN SIE SICH EINEN KLEINEN TALISMAN AUS,

ein Armband, einen Ring oder einfach nur ein Post-it mit entsprechender Formel, die Sie immer wieder daran erinnert: »Was solls!«

WAS-SOLLS-LISTE

______

______

______

______

______

______

TOP 5

Unperfekte HELDINNEN

Ihre Fehler und Schwächen berühren uns und bringen uns zum Lachen ...
weil sie unseren eigenen gleichen!

MONICA, *FRIENDS*

Die etwas neurotische und herrlich zwanghafte Monica hätten wir trotz all ihrer Macken gerne als allerbeste Freundin, als BFF (best friend forever).

BRIDGET JONES

Und der Oskar für die »Unperfekte Heldin« geht an ... Bridget Jones, die uns in drei Filmen mit ihren Unvollkommenheiten und Ungeschicklichkeiten, die sie mit einer großen Portion Humor überspielt, herrlich unterhält. Wir warten gespannt auf den nächsten Film!

PIPER, *ORANGE IS THE NEW BLACK*

Piper ist ebenso naiv, wie wir es manchmal sind (und erinnert dadurch stark an Dr. Mamour von *Grey's Anatomy*). Eine Jugendsünde bringt sie in Teufels Küche, sprich in den Frauenknast, wo sie lernen muss, ihre Freundlichkeit und Gutgläubigkeit auf Eis zu legen.

COOKIE LYON, *EMPIRE*

Schwer zu sagen, was uns an ihr besser gefällt, ihre Gangstermentalität oder ihre Schlagfertigkeit. Jedenfalls ist sie alles andere als ein Weichei!

ANNIE, *BRAUTALARM*

Eine vorbildliche gute Freundin, die, so gut sie kann (eher ziemlich chaotisch), die Hochzeit ihrer Schulfreundin zu organisieren versucht. Leider funkt ihr dabei ständig Miss Perfect dazwischen, die andere Trauzeugin, die alles besser kann als Annie. Zum Glück hat Annie einige raffinierte Überlebensstrategien auf Lager!

DAS SUPER-INTERVIEW MIT:

Jeanne Boulart

DIE PARTYQUEEN

Veranstalterin von traumhaften Events, geniale Art-Direktorin, begnadete Szenografin ... Die junge Jeanne hat viele Talente und ist sehr kommunikationsfreudig. Sie verrät uns ihre Tricks, um sich das Leben schön zu machen!

WARUM HAST DU BEIM AUFSTEHEN SCHON SUPERKRÄFTE?

Die verleiht mir mein knurrender Magen. Ich gebe es zu: Für mich ist Essen Leben und das Leben zum Essen da.

EIN SUPERRATSCHLAG FÜR DEN ALLTAG?

Auf keinen Fall mit dem Liebsten vor zehn Uhr über die Arbeit reden. Nein, noch wichtiger ist es, sich Superprojekte vorzunehmen: Superrechnungen bezahlen, ein Superprojekt fertigstellen, sich eine Supersurfsession gönnen oder aber in ein Superkonzert gehen. Und die Super-To-do-Liste mit einem dicken langen Strich abhaken!

WAS TUST DU, UM DAS UNIVERSUM ZU RETTEN?

Das Universum retten – das ist mir doch eine Nummer zu groß! Ich versuche es lieber im Kleinen, indem ich mit meinen Freunden zusammenarbeite oder aber Lustiges organisiere, wie z.B. einen Chor- oder Bingoabend oder ein Festival der zeitgenössischen Musik und Kunst, das *Baleapop*. Wir lassen eine Gemeinschaft entstehen, in der es fünf Tage lang nur um Liebe und Lebensfreude geht.

WO LÄDST DU DEINE ENERGIE AUF?

Pausa lekua! Das ist Baskisch und bedeutet: »der Ort, an dem man rastet«, also zu Hause. Wir haben das Haus vollkommen neu gestaltet, und sobald man über die Schwelle getreten ist, ist alles Banane.

WAS RAUBT DIR DIE SUPERKRÄFTE?

Fatalismus, glaube ich. Es ist furchtbar, sich Dinge zu versagen, die man gerne haben möchte und auch haben kann.

WELCHE SUPERFRAU WÄRST DU GERNE?

Die Weihnachtsfrau. Ich würde gern mit einem Rentierschlitten um die Welt fliegen und Geschenke verteilen.

WELCHES SUPERZIEL SCHLÄGST DU UNSEREN LESERINNEN VOR?

Das, was man heute tun kann, nicht auf morgen zu verschieben. Nur Mut, Mädels!

ZIEL #20

BEWUSSTSEIN SELBSTÜBERWINDUNG

Ich schreibe eine BUCKET-LIST

Noch eine Liste, fragen Sie genervt?
In Ihrer Handtasche stecken doch schon ein Dutzend Listen! Die Einkaufsliste, die Termine der Kinder, die Büro-To-do-Liste und – sogar die Liste Ihrer Listen!
Aber diese hier ist anders: Sie enthält all das, was Sie in Ihrem Leben entdecken, sehen, machen oder ausprobieren wollen.
Eine Übersicht über Ihre Ziele und Projekte.

Die wichtigsten

DINGE,

DIE ICH IM LEBEN GERN MACHEN MÖCHTE:

1 ____________________

2 ____________________

3 ____________________

4 ____________________

5 ____________________

6 ____________________

7 ____________________

8 ____________________

9 ____________________

10 ____________________

11 ____________________

12 ____________________

13 ____________________

14 ____________________

15 ____________________

ZIEL #21

SELBSTVERTRAUEN

ICH suche mir ein LEITMOTIV

Manchmal genügt ein Satz, der Mut macht,
anregt oder die Kraft gibt, weiterzumachen.
Diese »kleinen Sätze« nennt man Mantras.
Hängen Sie zu Hause oder im Büro eine große Tafel
oder ein Memoboard auf und befestigen Sie darauf
die Mantras, die Sie inspirieren.
Lassen Sie Ihrer Kreativität freien Lauf
und suchen Sie sich Sätze aus,
die Sie ansprechen.

MEINE MANTRAS:

ZIEL #22

SELBSTÜBERWINDUNG

AND THE *winner is …*

Und wenn der Vorschlag für ein neues Ziel von einem Star käme? Bei der Verleihung der British Film Awards 2016 hielt die Schauspielerin Kate Winslet eine sehr persönliche und gleichzeitig inspirierende Rede. Darin rief sie alle jungen Frauen dazu auf, ihre Selbstzweifel abzulegen, an sich selbst zu glauben und, vor allem, einfach mal loszulegen!

Sie wissen, was Sie zu tun haben!

YES WE CAN!

ICH WAGE ES:

IM BÜRO

PRIVAT

MEINE ZIELE UND ICH

EINE VERABREDUNG MIT SICH SELBST

Los, Mädels! Wir ziehen in Ruhe Bilanz und rufen uns jedes Ziel in Erinnerung!

HELDIN IM ALLTAG, HELDIN MEINES LEBENS!
DIE ZIELE, DIE ICH BEREITS ERREICHT HABE:

WAS HAT ES MIR GEBRACHT?

ZIELE, AN DIE ICH MICH HERANGEWAGT, DIE ICH ABER NOCH NICHT ERREICHT HABE. UND WARUM NICHT?

UND JETZT GEHT ES WEITER,

immer heiter!

ZIEL #23

ZUFRIEDENHEIT LOSLASSEN

#GOGIRL

Ich schreite zur Tat … JETZT SOFORT!

ICH BRINGE DIE ERSTE PERSON, DIE MIR BEGEGNET, ZUM LACHEN

Eine ordentliche Lach-Sitzung ist ebenso wirksam wie echte Meditation. Das ist wissenschaftlich erwiesen! Warum also darauf verzichten?

WAS IST SCHWARZ, HAT VIER BEINE UND MACHT »QUIETSCH-QUIETSCH«?
Ein Pudel, der ein Quietsche-Entchen gefressen hat.

WAS IST GRÜN UND TRÄGT EIN ROTES CAPE?
Eine Gurke, die auf Super-Tomate macht.

WAS SCHREIT »PIPERIPIII«?
Ein Hahn mit Sprachfehler.

SUPER
TOMATE

← EXIT →
Frau Ärgerlich

Sie gehören zum Club der **Meckerer**, die sich ständig über irgendeine Sache aufregen könnten?

Erster Schritt (und das ist nicht der leichteste): Sie geben es zu. Sprechen Sie uns nach: »Ja, ich ärgere mich ständig« oder »Ja, ich meckere laufend über (meist) unwichtige Dinge.« Zweiter Schritt: Schreiten Sie zur Tat. Und verbannen Sie sämtliche negativen Wörter aus Ihrem Wortschatz.

EIN NÜTZLICHER RAT

VON MARCELLE AUCLAIR, AUTORIN VON *LE BONHEUR EST EN VOUS*:

»Wenn Sie in einem dunklen Zimmer sind, beschimpfen Sie dann die Nacht? Nein, Sie holen sich eine Lampe.« Denken Sie an diese Lampe, wenn Ihnen eine düstere Idee durch den Kopf geht und Sie anfangen, sich zu ärgern.

7 SÄTZE,

DIE ICH NICHT MEHR SAGEN MÖCHTE:

1 ____________________

2 ____________________

3 ____________________

4 ____________________

5 ____________________

6 ____________________

7 ____________________

ZIEL #25

ZUFRIEDENHEIT

Ich MACHE *etwas* mit meinen HÄNDEN!

Wie lange haben Sie nicht mehr das befriedigende Gefühl verspürt, etwas mit den eigenen Händen gefertigt zu haben? Seit Sie in der Grundschule zum letzten Mal Weihnachtssterne aus Salzteig geformt haben?
Machen Sie sich gleich ans Werk!
Das baut nicht nur das Ego auf,
sondern wirkt meist auch sehr beruhigend.
Ausmalen ist eine regelrechte Zen-Beschäftigung.

Holen Sie also schnell die Buntstifte!

»DRACARYS!«

oder »Feuerdrache«,
der Kriegsschrei von Daenerys Targaryen
in *Game of Thrones*

ZIEL #26

SELBSTVERTRAUEN

Ich lerne, meine FEHLER zu lieben

Wir bedauern, Ihre Illusionen zerstören zu müssen, aber an dieser Stelle des Buches erscheint es uns angebracht, Sie auf etwas Grundlegendes hinzuweisen: Sie sind nicht perfekt und werden es auch nie sein! Ja, das tut weh …

Die gute Nachricht aber ist, dass man Sie trotz all Ihrer Fehler lieben kann, und Sie selbst sollten das auch tun. Denn vielleicht sind das, was Sie als Makel betrachten, in Wirklichkeit fantastische Eigenschaften. Was, Sie glauben das nicht?

LERNEN SIE, SICH VON EINER ANDEREN SEITE ZU SEHEN:

Ich bin nicht chaotisch,
sondern kreativ.

Ich bin nicht geizig,
sondern sparsam.

Ich bin keine komplizierte Frau,
sondern eine Intellektuelle.

Ich bin nicht zickig,
sondern temperamentvoll.

Ich bin nicht faul,
sondern von Natur aus ausgeglichen.

Erkennen Sie sich wieder?

ZIEL #27

ZUFRIEDENHEIT

Ich MACHE mir das LEBEN im BÜRO schöner

In einer Umgebung, in der man durchschnittlich 1500 Stunden pro Jahr verbringt (gemeint ist Ihr Büro, nicht Ihre bevorzugte Cocktailbar), sollte man sich einigermaßen wohlfühlen. Falls Sie sich bis jetzt noch nicht die Zeit genommen haben, Ihren Arbeitsplatz zu verschönern, dann sollten Sie das jetzt tun.

MEIN ARBEITSPLATZ

WAS ICH ALLES VERBESSERN MÖCHTE:

ORGANISATION

AMBIENTE

ZIEL #28

SELBSTÜBERWINDUNG

OPEN YOUR MIND!

Ich erweitere meinen Horizont

Im Alltagstrott achtet man immer nur auf dieselben Dinge.

In der U-Bahn sind Sie auf die sozialen Netzwerke fixiert, um keine wichtigen Informationen zu verpassen. Bei der Arbeit fesseln die 432 täglichen Mails Ihre Aufmerksamkeit. In der Mittagspause fangen Sie Pokémons ein.
Und zu Hause entspannen Sie sich nur kurz (auf der Toilette) beim Betrachten eines Videos, in dem Pandas eine Rutschbahn hinunterpurzeln …

Wie viel Raum gebe ich heute Neuem in meinem Leben?

MEIN ENTSCHLUSS:

HEUTE LASSE ICH MICH AUF NEUE ERFAHRUNGEN EIN!

Ich starte ...

Ich versuche ...

Ich verändere ...

Es ist wie beim Sport: Je aktiver man wird, desto mehr möchte man machen!

TOP 5 FEEL-GOOD-MOVIES

Diese Filme tun uns gut!
Denn Glück kann auch darin bestehen,
sich mit einem Stück Schokolade im
Einhornpyjama auf dem Sofa einzukuscheln.

Hier DIE Liste der Wohlfühlfilme:

DAS STREBEN NACH GLÜCK, GABRIELE MUCCINO, 2006

Ein typisch amerikanischer Film nach einer wahren Geschichte. Am Anfang sieht es für den allein erziehenden Chris Gardner und seinen Sohn sehr schlecht aus. Doch Chris kämpft hartnäckig, und schließlich dreht der Wind. Man lacht, weint, auch zum Schluss, aber dank eines fantastisch spielenden Will Smith sind es Freudentränen.

MAMMA MIA!, CATHERINE JOHNSON, 2008

Es wird getanzt, gesungen und es gibt jede Menge LOVE. Was will man mehr?

DIE REISE DER PINGUINE, LUC JACQUET, 2005

Sie fragen sich vielleicht, was dieser Dokumentarfilm auf der Liste der Wohlfühlfilme zu suchen hat? Wie es Ihnen geht, wissen wir nicht, wir jedenfalls geraten über die Bilder der heranwachsenden Pinguine stets in Verzückung.

LIEBE BRAUCHT KEINE FERIEN, NANCY MEYERS, 2006

Kate Winslet hat rechtzeitig die *Titanic* verlassen, um nach Los Angeles zu ziehen. Und Jim Carrey wurde von Cameron Diaz zugunsten von Jude Law in *Die Maske* sitzen gelassen. Das Ergebnis: eine herzerwärmende Liebeskomödie.

TATSÄCHLICH … LIEBE, RICHARD CURTIS, 2003

Im Dezember freuen wir uns zwar auf das Christkind, aber umso mehr noch auf die TV-Wiederholung von *Tatsächlich … Liebe*, eine Liebeskomödie, die uns guttut und unser absoluter Liebesfilm ist.

ZIEL #29

ZUFRIEDENHEIT

#GOGIRL

Ich schreite zur Tat …
JETZT SOFORT!

ICH VERTEILE LIEBE

Sagen Sie den Menschen, die Ihr Leben mit Ihnen teilen, wie gern Sie sie haben.

Wem sage ich was:

Meinem Schatz: ______________________________

Meiner Freundin: ______________________________

Meiner Mutter: ______________________________

I LOVE YOU SO MUCH
TO ME YOU ARE PERFECT
ICH LIEBE DICH noch mehr als meine KATZE

ZIEL #30

BEWUSSTSEIN

CARPE DIEM

Ich pflücke den Tag

Dieses Zitat wird die altsprachlich Erzogenen unter uns an die Schulzeit erinnern, Filmfans dagegen wohl eher an den wunderbaren Professor John Keating, den Robin Williams in *Der Club der toten Dichter* spielte.

Carpe diem! ruft uns dazu auf, im Augenblick zu leben, im Hier und Jetzt.

Der Journalist und Schriftsteller Carl Honoré
lobte 2005 in einem Vortrag die Langsamkeit:
»Manchmal braucht es das Klingeln des Weckers,
um uns daran zu erinnern, dass wir uns
immer wieder kopfüber in unser Leben stürzen,
anstatt es eigentlich zu leben.«

EIN TRICK, UM SICH IM ALLTAG DARAN ZU ERINNERN, IN DER GEGENWART ZU LEBEN:

LEBE WIE EIN KIND.

Denn wer versteht es besser als Kinder,
die Gegenwart zu genießen?
Ohne sich Sorgen zu machen wegen gestern oder morgen,
freuen sie sich über die kleinen Dinge: über den
Mond am Himmel, über frisches, noch warmes Brot …

DAS SUPER-INTERVIEW MIT:

Charlotte Ducharme

EINE LIEBEVOLLE MUTTER

Sie schreibt einen Blog für Eltern. Darin verrät sie uns die Geheimnisse ihres positiven Alltags.

WARUM HAST DU BEIM AUFSTEHEN SCHON SUPERKRÄFTE?
Ich bin wirklich keine Superfrühaufsteherin … Aber mich motiviert die Vorstellung, gemeinsam zu viert bei guter Musik zu frühstücken.

EIN SUPERRATSCHLAG FÜR DEN ALLTAG?
Sich morgens zehn Minuten für eine Kurzmeditation gönnen. Nachdem ich die Kinder abgeliefert habe, setze ich mich in einen Park. Eine kleine Achtsamkeitspause hilft mir, zu verschnaufen, bevor ich mich an meine Arbeit mache.

WAS TUST DU, UM DAS UNIVERSUM ZU RETTEN?
Mein Blog *(www.coolparentsmakehappykids.com)* über mehr positive Erziehung im Alltag ist ein winziger Beitrag dazu. Er soll Eltern helfen, im Alltag gelassen zu bleiben, und ihre Beziehung zu ihren Kindern zu bereichern.

Wir sollten unseren Kindern stets mit einer wohlwollenden Einstellung begegnen, damit aus ihnen glückliche und empathische Erwachsene werden. So tragen wir dazu bei, eine Welt zu schaffen, die auf gegenseitigem Respekt gründet anstatt auf Machtbeziehungen. Das wäre ein großer Schritt in Richtung einer friedlichen Welt.

WO LÄDST DU DEINE ENERGIE AUF?

Beim allwöchentlichen Joggen. Es gibt mir Kraft und tut mir gut, und ich kann mir dabei die vielen Projekte ausdenken, die mich vorantreiben.

WAS RAUBT DIR DIE SUPERKRÄFTE?

Das Wetter.

WELCHE SUPERFRAU WÄRST DU GERNE?

Ehrlich gesagt träume ich nicht davon, zu einer Superfrau zu werden. Ich wäre schon froh, wenn es mir gelänge, eine »gute Mutter«, eine »gute Ehefrau« und eine »gute Freundin« zu sein.

WELCHES SUPERZIEL SCHLÄGST DU UNSEREN LESERINNEN VOR?

Rufen Sie sich jeden Abend gemeinsam mit Ihrem Kind in Erinnerung, was Sie im Laufe des Tages für andere getan haben. Wenn Ihrem Kind nichts einfällt, schauen Sie es liebevoll an und sagen Sie: »Ich bin mir sicher, dass du vieles für andere getan hast«, und helfen Sie ihm, sich zu erinnern. Das bringt vier Vorteile: Sie machen Ihrem Kind erst bewusst, dass es anderen Gutes tut, stärken seine Selbstachtung und machen es glücklich, weil ihm dann vermutlich wieder einfällt, dass es tatsächlich etwas Nettes für andere getan hat. Außerdem ist das für das Kind ein Ansporn, mehr Gutes zu tun … und Sie selbst werden dabei auch glücklicher!

ZIEL #31

ZUFRIEDENHEIT

Es ist PARTYZEIT!

Der Schlüssel zum Glück sind die anderen! Jedenfalls behauptet das der Psychiater Robert Waldinger, der im Rahmen einer Studie der Universität Harvard 724 Amerikaner zum Thema Glück befragte.

Eine weitere Schlussfolgerung: Soziale Beziehungen sind sehr wichtig, denn die am stärksten mit ihren Mitmenschen vernetzten Leute sind die glücklichsten. Einsamkeit dagegen wirkt wie ein Gift.

SCHÖN FÜR UNS,
DENN DAS KÖNNEN WIR ALS EINE AUFFORDERUNG BETRACHTEN, PARTY ZU MACHEN!

Das braucht man uns nicht zweimal zu sagen.
Wir rufen uns in Erinnerung,
was ein gelungenes Fest ausmacht:

Ein sogenannter Eisbrecher: ein Thema, das hilft, eine Verbindung zwischen den Gästen herzustellen. Unser liebstes Motto: der Hässliche-Pulli-Abend.

Schlimmster Fehler: grelle Beleuchtung.
Das Licht muss warm und gedämpft sein.

»Ohne Musik wäre das Leben ein Irrtum.«
Hat Nietzsche das gesagt,
oder war es doch David Guetta?

Nicht vergessen: Soziale Beziehungen machen glücklich! Wirklich!

ZIEL # 32

ZUFRIEDENHEIT

Ich arbeite mit anderen ZUSAMMEN

Wann immer uns eine junge Praktikantin Hilfe am Computer anbietet, sind wir leicht irritiert, aber andererseits auch froh über die Hilfe, und darüber, dass sie sich freut, uns helfen zu können.

Sich austauschen, vom Wissen anderer profitieren und Netzwerke ausbauen - dies sind die Schlüssel zu erfolgreicher Zusammenarbeit.
Warum also nicht ab heute in den Team-Work-Modus gehen?

FLORENCE HAXEL

GRÜNDERIN VON *MES BONNES COPINES*, DEM ERSTEN FRANZÖSISCHSPRACHIGEN NETZWERK FÜR UNTERNEHMERINNEN, VERRÄT UNS, WIE ES FUNKTIONIERT.

»Bieten Sie heute Hilfe an
und ernten Sie morgen die Früchte.«

Jeden Tag schenke ich jemandem etwas von meiner Zeit, um zu helfen. Ich betrachte das nicht als eine lästige Verpflichtung, sondern als Bereicherung. Ein Beispiel: Ich kenne mich mit Social Marketing aus. Deshalb suche ich mir jede Woche eine andere Unternehmerin aus und biete ihr ein einstündiges Brainstorming an.

Das hat viele Vorteile: Ich trainiere meine Kreativität, lerne aus einer Fallstudie und helfe einer Frau, die meine Hilfe brauchen kann und mich vielleicht eines Tages weiterempfiehlt. Und die Kirsche auf der Torte: Ich bekomme Bestätigung für meine Kompetenz.

Nun sind Sie dran!

ZIEL #33

LOSLASSEN

KEINE Anklagen mehr

Schuldgefühle sind Ihre Droge?
Von dem Moment an, in dem Sie Ihre Beine aus dem Bett schwingen, bis zu dem, in dem der Schlaf Sie überwältigt, nagen die Schuldgefühle an Ihnen?

»Ich hätte dies tun sollen … jenes tun sollen … Ich hätte ihr sagen sollen, dass … Ich hätte ihm nicht meine Tasche um die Ohren schlagen sollen … « **STOPP!**

Machen Sie sich klar, dass Ihre Schuldgefühle Ihnen nichts nützen. Und dass wir alle im selben Boot sitzen. Schuldgefühle sind nur allzu verbreitet unter Frauen, weil Frauen ständig Schuld an irgendetwas gegeben wird.

DESHALB HABEN WIR EIN REVOLUTIONÄRES WERKZEUG ERDACHT, DAS SIE EIN FÜR ALLE MAL VON SÄMTLICHEN SCHULDGEFÜHLEN BEFREIT:

ES HEISST: ES GEHT UNS ALLEN SO!

Es gibt eine universale Liste von Kleinigkeiten im Alltag, auf die wir zwar nicht besonders stolz sind, wegen denen wir uns aber auch nicht steinigen lassen müssen:

Vorzeitig den Arbeitsplatz verlassen, weil man die neueste Folge der Lieblingsserie nicht verpassen will.

Dreimal hintereinander nicht ans Telefon gehen, wenn die Schwiegermutter anruft.

So tun, als habe man das Kind nachts nicht »Mama! Ich hab Durst!« rufen hören.

Sich in der Teeküche vor anderen über die Praktikantin lustig machen, die glaubte, die Abkürzung »DDR« stehe nur für einen neuen Messenger-Dienst.

Sich das Kaschmirjäckchen kaufen und sich einreden, dass man es sich verdient hat.

Ein paar gefakte Instagram-Konten betreiben, um sich selbst zu liken.

Sich bei der Geburtstagsparty für die Torte loben lassen, die in Wirklichkeit aus der Konditorei stammt.

MEINE ZIELE UND ICH

EINE VERABREDUNG
MIT SICH SELBST

Los, Mädels! Wir ziehen in Ruhe Bilanz und rufen uns jedes Ziel in Erinnerung!

HELDIN IM ALLTAG, HELDIN MEINES LEBENS!
DIE ZIELE, DIE ICH BEREITS ERREICHT HABE:

WAS HAT ES MIR GEBRACHT?

ZIELE, AN DIE ICH MICH HERANGEWAGT, DIE ICH ABER NOCH NICHT ERREICHT HABE. UND WARUM NICHT?

UND JETZT GEHT ES WEITER,
immer heiter!

ZIEL #34

ZUFRIEDENHEIT

ICH HOLE *gute Laune* INS HAUS

Wer tagtäglich im Alltagstrott dahintrabt, vergisst leicht, in der Familie für gute Laune und Abwechslung zu sorgen. Dabei macht uns nichts so glücklich, wie mit unserer Bande zu Hause zu lachen.

Überlegen Sie sich etwas, das Sie mit Ihren Lieben gemeinsam machen – und zwar regelmäßig, ohne Ausrede!

MÜTTER 2.0

SIE VERRATEN UNS IHRE TRICKS,
UM DEN ALLTAG LUSTIGER ZU MACHEN.

CONSTANCE DE SCHOMPRÉ, AUTORIN DES BLOGS *MUMDAY MORNINGS*

Am Wochenende wird im Bett von Papa und Mama ausgiebig gefrühstückt, es wird ordentlich gekrümelt, herumgesprungen, es gibt eine Kissenschlacht, wir laufen bis mittags im Schlafanzug herum, wir spielen verstecken und wir tanzen … und sind glücklich!

OLIVIA BELANGER, GRÜNDERIN VON *PETIT BEC*

Ein Tipp für den Umgang mit Suppenkaspern: Damit es abends nicht »Bäh, Suppe!«, sondern »Cool! Suppe!« heißt, gibt es bei uns jetzt »Überraschungssuppe«. Sie enthält kleine Überraschungen, die man beim Auslöffeln entdeckt: Käse- oder Speckstückchen. Es macht Spaß zu sehen, wie sie mit dem Löffel auf Schatzsuche gehen!

SOPHIE HENRIONNET, AUTORIN DES BLOGS *SIX IN THE CITY*

Abends, wenn Hausaufgabenkontrolle, Badewanne und Abendessen anstehen, genügte früher eine Kleinigkeit, um einen offenen Konflikt zu entfachen. Seit wir die Regel »Unter der Woche kein Fernsehen« einführten, sind wir alle gelassener. Falls doch mal angespannte Stimmung herrscht, lege ich schnell Musik auf, die wir alle mögen, und wir toben uns beim Familien-Pogo aus!

ZIEL #35

BEWUSSTSEIN

ICH DENKE DARAN, DASS ICH GANZ *klein bin*

Manchmal kommen uns unsere Alltagsprobleme riesengroß vor, geradezu gigantisch … monumental!

Anstatt uns in den Gedanken hineinzusteigern, dass unsere Schwierigkeiten unüberwindbar sind, sollten wir lieber etwas Abstand dazu nehmen.

DIE PERSPEKTIVE

UND DEN MASSSTAB VERÄNDERN:

IM GRÜNEN

Stellen Sie sich auf eine Wiese oder in einen großen Park. Schauen Sie in die Ferne. Nehmen Sie die Landschaft mit all ihren Einzelheiten in sich auf.

IN DER STADT

Begeben Sie sich zum höchsten Punkt in Ihrer Stadt und steigen Sie hinauf. So hoch wie möglich.

AM STRAND

Betrachten Sie, auf dem Rücken liegend, den Himmel und machen Sie sich seine Unendlichkeit bewusst. Folgen Sie dem Horizont von einem Ende zum anderen.

Augenblicklich
kommen Sie sich ganz klein vor –
und Ihre Probleme schrumpfen auf ihr
tatsächliches Maß zusammen.

ZIEL #36

SELBSTÜBERWINDUNG

#GOGIRL

Ich schreite zur Tat ...
JETZT SOFORT!

ICH TRATSCHE NICHT –
~~EINEN TAG~~ 4 STUNDEN LANG
(bleiben wir realistisch!)

Selbst wenn man am liebsten von morgens bis abends ratschen und tratschen würde und ebenso wenig darauf verzichten möchte wie auf das allabendliche Glas Wein: Machen Sie mal eine Tratsch-Pause!

Überlegen Sie sich stattdessen ein paar nette Komplimente. Heute bestehen Sie nur noch aus LIEBE. Und vergessen Sie nicht: Übung macht den Meister!

ZIEL #37

SELBSTÜBERWINDUNG

Ich rede mit einem FREMDEN

Haben Sie schon einmal ausprobiert,
wie interessant und angenehm eine Unterhaltung
mit einer unbekannten Person sein kann?
Von Natur aus skeptisch, wundern wir uns,
wie nett es sein kann, mit jemandem zu sprechen,
der weder unsere allerbeste Freundin noch unsere
Mutter oder unser Psychotherapeut ist.
Aus einem solchen Gespräch geht man meist sehr
glücklich hervor und fühlt sich offener, geselliger …

Auch wenn der Gedanke zunächst etwas erschreckend
klingen mag: Entdecken Sie die anderen!

HIER EIN PAAR TRICKS,
UM DEN ANDEREN ZU BEGEGNEN:

SETZEN SIE SICH ZU EINEM UNBEKANNTEN AN DEN TISCH

Auf diese Weise genießen Sie in der Kantine oder im Lokal nicht nur ein köstliches Essen, sondern verlassen auch Ihre Komfortzone.

MELDEN SIE SICH ZU EINEM KURS AN ... ALLEIN

Auf diese Weise lernen Sie nicht nur dazu, sondern ermöglichen sich auch interessante Begegnungen.

LADEN SIE EINE KOLLEGIN ZUM ABENDESSEN EIN

Eine Frau, mit der Sie bisher höchstens freundliche Blicke gewechselt haben: Fragen Sie sie nach ihrer Arbeit, ihrem Leben, ihren Leidenschaften und erzählen Sie auch von sich. Wiederholen Sie das Abenteuer im nächsten Monat mit einer anderen Kollegin, regelmäßig!

LERNEN SIE DIE EINHEIMISCHEN KENNEN

Wagen Sie sich auf die andere Seite des Flurs! Anstatt bei den Nachbarn nur Zucker auszuleihen, laden Sie sie doch gleich dazu ein, den frisch gebackenen Kuchen im Anschluss auch zu probieren.

ZIEL #38

BEWUSSTSEIN

Ich nehme mir Zeit für mich, vor dem Aufstehen

Vielleicht gehören Sie zu den Leuten,
die den Wecker zehn Minuten früher stellen, um erst
einmal unter der warmen Bettdecke zu »chillen«.
Wir schlagen Ihnen hier aber den kompletten »Jetlag«
vor: Stellen Sie den Wecker eine ganze Stunde früher!
Keine Panik, wir haben es für Sie ausprobiert.
Natürlich fällt das anfangs ziemlich schwer,
doch die Vorteile sind enorm: Wenn man sich morgens für
sich selbst Zeit nimmt, wird der Tag garantiert
wesentlich stressfreier.

HIER SCHREIBE ICH AUF,

WAS ICH FRÜHMORGENS MACHEN MÖCHTE:

ZIEL #39

SELBSTÜBERWINDUNG SELBSTVERTRAUEN

BUUH!

Ich stelle mich meinen ÄNGSTEN

Manchmal hat man den Eindruck, dass es im Leben nicht mehr weitergeht. Oft sind es Ängste, die uns blockieren. Angst davor, etwas nicht zu schaffen, nicht gut genug zu sein …
Dabei sollte man den Ängsten öfter mal begegnen, denn dabei merkt man, dass sie gar nicht so unüberwindbar sind, wie man dachte!

LISTEN SIE IHRE ÄNGSTE AUF

UND MACHEN SIE SICH ELEANOR ROOSEVELTS MOTTO ZU EIGEN:

»Mache jeden Tag etwas,
wovor du Angst hast.«

HIER BESCHREIBE ICH MEINE ÄNGSTE UND SORGEN
(aber das bleibt unter uns):

ZIEL #40

ZUFRIEDENHEIT BEWUSSTSEIN

ICH WERDE
ab jetzt grüner

Keine Sorge, hier geht es nicht um Politik,
und Sie brauchen dafür nicht etwa in Brandenburg
eine Schmorgurkenplantage zu eröffnen.
Wir verlangen auch nicht, dass Sie von nun an
alle Bäume umarmen, die Ihre Wege säumen.
Vielmehr schlagen wir Ihnen vor,
dass Sie kleine »grüne« Aktionen einplanen,
die Ihnen guttun werden.

ICH GEHE RAUS

Der amerikanische Glücksforscher Shawn Achor erklärt: »Eine Studie hat ergeben, dass sich die Stimmung hebt, wenn man 20 Minuten bei schönem Wetter im Freien verbringt; außerdem verbessern sich dadurch unser Kurzzeitgedächtnis und unser Denkvermögen.« Da kommen wir doch gleich leichter in die Outdoor-Schuhe!

ICH VERSORGE IM BÜRO EINE GRÜNPFLANZE

Eine von Wissenschaftlern der Universitäten von Exeter, Cardiff, Queensland und Groningen durchgeführte Forschungsstudie beweist, dass die Anwesenheit von Grünpflanzen in Arbeitsräumen die Produktivität der Angestellten um 15 Prozent steigern kann.

Wir haben die Konsequenzen gezogen!
Seit dem 6. August 2014 verstärkt die grüne Joséphine unser Team – zur Zufriedenheit aller Beteiligten!

HÖR AUF,
deinem LEBEN
hinterherzurennen
wie ein
wild gewordenes PFERD
Baby in *Dirty Dancing*

DAS SUPER-INTERVIEW MIT:

Chrysoline de Gastines

UNTERNEHMERIN

Die Gründerin des Modelabels Balzac Paris verrät uns die Tricks einer Frau, die sich in der Welt der Vorstandsetagen ebenso sicher bewegt wie beim Spielen mit ihrem Kind im Sandkasten.

WARUM HAST DU BEIM AUFSTEHEN SCHON SUPERKRÄFTE?
Mein Mann und meine Tochter Garance sind ein Team, mit dem sich der Tag gut beginnen lässt. Wenn ich morgens aufwache, freue ich mich schon darauf, meine Kleine aus ihrem Bettchen zu holen.

EIN SUPERRATSCHLAG FÜR DEN ALLTAG?
Ich lasse mir morgens gerne Zeit. Ich wäre auch gar nicht dazu fähig, schnell aufzustehen, zu frühstücken und zu duschen. Mein Frühstück ist mir ein wichtiges Ritual, es fällt mir schwer, mit leerem Magen aus dem Haus zu gehen.

WAS TUST DU, UM DAS UNIVERSUM ZU RETTEN?

Mir ist der Kontakt zu anderen Menschen am wichtigsten. Bei meinem Unternehmen *Balzac Paris* steht die Kundin im Vordergrund, und wir wünschen uns vor allem, dass die Kundinnen mit unseren Modellen zufrieden sind. Dies ist auch privat mein Leitmotiv: jemandem ein Lächeln schenken, die Tür aufhalten. Das sind nur Kleinigkeiten, aber sie verschönern unseren Alltag.

WO LÄDST DU DEINE ENERGIE AUF?

Zu Hause in Lille. Mit der Familie, mit Freunden … Diese Stadt steckt voller Anregungen, und ich kehre gerne regelmäßig dorthin zurück.

WAS RAUBT DIR DIE SUPERKRÄFTE?

Boshaftigkeit.

WELCHE SUPERFRAU WÄRST DU GERNE?

Simone Veil war eine echte Superfrau!

WELCHES SUPERZIEL SCHLÄGST DU UNSEREN LESERINNEN VOR?

»Man muss jeden Tag das, was man macht, gut machen, selbst wenn es eine Narretei ist.« Das ist ein Zitat von Honoré de Balzac und das Motto von *Balzac Paris*.

TOP 5 Knallharte HELDINNEN

Hartnäckigkeit, eiserner Wille … das sind zwei der Eigenschaften dieser Heldinnen, von denen wir uns eine Scheibe abschneiden sollten, zumindest in bestimmten Situationen!

THELMA UND LOUISE

Zwei mutige, furchtlose Frauen brechen auf, um als fröhliches Duo die Freiheit zu suchen.

MERIDA

Eine Filmheldin, die sich ihrem vorgezeichneten Schicksal verweigert, um ihre Träume und Leidenschaften auszuleben. Ein Vorbild für viele …

DIE BRAUT IN *KILL BILL*

Obgleich sie immer wieder zu Wutanfällen neigt, beeindruckt und inspiriert uns diese »Kriegerin« in Situationen, in denen man über sich hinauswachsen muss.

ERIN BROCKOVICH

Einem höheren Ziel dienen und niemals aufgeben, niemals! Wir wüssten gerne, wo sie all ihren Mut hernimmt.

TESS IN *WORKING GIRL*

Ein Loblied auf die Verwegenheit. Tess' Abenteuer geben uns das Gefühl, alles, aber auch wirklich alles erreichen zu können.

Diese knallharten Heldinnen sind meine Vorbilder:

___

___

___

___

___

___

___

___

___

___

___

ZIEL #41

BEWUSSTSEIN

Ich finde MEIN Gleichgewicht

Machen Sie sich auf die Suche nach
Ihrem inneren Gleichgewicht!
Man findet es, indem man ein Gleichgewicht zwischen Berufsleben und Privatleben herstellt. Ja, das ist genau das, wovon wir unperfekten Frauen immer träumen.

Doch es wird Zeit, die Augen zu öffnen.
Das PERFEKTE Gleichgewicht gibt es nicht. Aber es gibt IHR eigenes Gleichgewicht, und das gilt es zu finden.

MICHELLE JEAN-BAPTISTE

RECHTSANWÄLTIN, COACH UND AUTORIN, VERRÄT UNS NÜTZLICHE TRICKS.

LEBENSBEREICHE: Schreiben Sie sich alle Bereiche Ihres Lebens auf (Familie, Freunde, Hobbys, Gesundheit, Berufsleben …) und tragen Sie neben jeden ein: drei Dinge, mit denen Sie sehr zufrieden sind; drei Dinge, die es zu verbessern gilt; und drei Dinge, die Sie daran nicht mögen. Konzentrieren Sie sich vor allem auf die drei Bereiche, die Ihnen am wichtigsten sind.

LOGBUCH: Tragen Sie in ein Heft einige Tage lang Ihre sämtlichen Aufgaben ein, die wichtigen ebenso wie die unwichtigen. Schreiben Sie jeweils auf, wie lange Sie dafür brauchen und was Sie beim Erledigen empfinden. Sind die Dinge, die viel Zeit in Anspruch nehmen, wirklich wichtig? Könnten Sie sie delegieren?

Wiederholen Sie beides regelmäßig,
um Ihr Gleichgewicht zu finden.

ZIEL #42

ZUFRIEDENHEIT

#GOGIRL

Ich schreite zur Tat …

JETZT SOFORT!

ICH VOLLBRINGE EINE GUTE TAT

Schon als wir noch klein waren, war ständig davon die Rede. Wir sollten der alten Frau im Haus die Einkaufstüten in den fünften Stock hinauftragen, auf die nervigen kleinen Geschwister aufpassen, später für die ältere Schwester babysitten, damit sie endlich mal wieder mit ihrem Mann abends ausgehen konnte …

Diese guten Taten ebnen angeblich unseren Weg ins Paradies. Aber das ist nicht alles! Eine gute Tat verschafft nicht nur ein gutes Gewissen, sondern steigert auch das EIGENE Wohlbefinden.

Also schön damit weitermachen!

ZIEL #43

SELBSTÜBERWINDUNG

ICH STELLE *meine* BEZIEHUNG INS *Rampenlicht*

Sie haben es endlich geschafft, in einer ZUB (zeitlich unbefristete Beziehung) zu landen? Sie können sich entspannen? Beneidenswert. Doch den anderen als festen »Besitzstand« zu betrachten hat zur Folge, dass man die vielen kleinen Aufmerksamkeiten allmählich bleiben lässt und der Zauber der Liebe mit der Zeit verfliegt.

Es wird Zeit,
der Beziehung neues Leben einzuhauchen,
ihr den Zauber der frühen Phasen zurückzugeben.

(RE)INSZENIEREN SIE
Ihre erste Begegnung

CASTING UND KOSTÜME
Wer wen spielt, dürfte ja wohl klar sein. Falls Sie noch die Kleidungsstücke besitzen, die Sie damals trugen, sollten Sie sie vom Speicher herunterholen: Das gibt mindestens ein paar gemeinsame Lacher!

RÜCKKEHR ZUM DREHORT
Suchen Sie, sofern das möglich ist, den Ort Ihrer ersten Begegnung auf. Falls Sie sich am Machu Picchu kennengelernt haben, müssen Sie eine entsprechende Kulisse basteln … oder in ein peruanisches Lokal gehen.

SETZEN SIE DEN DREHORT DRAMATISCH IN SZENE,
indem Sie einige raffinierte Requisiten hinzufügen.

Lächeln Sie, die Kameras laufen!

ZIEL #44

SELBSTVERTRAUEN

Kleider machen LEUTE

Ich wähle den POWER-LOOK

Zu dieser Tatsache müssen Sie uns sicher beipflichten: In einem Outfit, in dem man sich »stylisch« fühlt, wird man von seiner Umwelt anders wahrgenommen als in Schlabberklamotten. Über all dem stehen natürlich die inneren Werte, die letztendlich zählen.

ABER: Wir dürfen nicht vergessen, dass das, was wir tragen, Auswirkungen auf unser Selbstvertrauen und unsere Ausstrahlung hat.

MARILYN UND ALEXIA

DIE STILEXPERTINNEN DER GLEICHNAMIGEN AGENTUR BERATEN UNS.

COLOUR-BLOCKING WAGEN

Erklären Sie Schwarz, Marineblau und Grau den Krieg … Rot, Violett und Ultramarinblau schenken uns Selbstvertrauen. Wenn Sie es femininer mögen, können Sie Kleidungsstücke in Fuchsia tragen. Pastellrosa lässt Sie sanfter oder jünger wirken, Orange vermittelt eine positive Einstellung, und Grün weckt die Erwartung, dass Sie gute Nachrichten auf Lager haben.

DIE POWER-AURA

Frau will sich ja auch als Frau fühlen, und das geht am besten mit hohen Absätzen. Für Christian Dior waren sie ein Symbol für Eleganz; Christian Louboutin glaubt, dass sie Stärke verleihen, und wir wissen, dass sie uns einen attraktiven, selbstsicheren Gang ermöglichen (sofern frau damit vorher Gehen geübt hat!).

Auf die Plätze!
Fertig? Beeindrucken!

ZIEL #45

ZUFRIEDENHEIT

Ich wähle EINE POSITIVE HALTUNG

Eigentlich ist es ganz einfach:
Je positiver man eingestellt ist,
desto besser stehen die Chancen,
glücklich zu sein.

POSITIVES DENKEN TRAINIEREN

Für eine Studie mit dem Titel *Das glückselige Geheimnis besseren Arbeitens*, deren Ergebnisse er 2012 bei einer TED-Konferenz vorstellte, bat der Glücksforscher Shawn Achor die Teilnehmer, eine der folgenden Übungen zu wählen und diese dann an 21 aufeinanderfolgenden Tagen durchzuführen:

Schreiben Sie jeden Tag drei Dinge auf, für die Sie dankbar sind.

Tragen Sie in Ihr Tagebuch ein positives Ereignis der vergangenen 24 Stunden ein.

Machen Sie täglich zehn Minuten Sport.

Meditieren Sie zwei Minuten lang.

Tun Sie anderen etwas Gutes (z.B. eine lobende Mail schreiben).

Die Studie hat bewiesen, dass wir unserem Gehirn durch unser Verhalten zu einer positiveren Einstellung verhelfen können. Positives Denken kann man also üben, ein bisschen wie eine Sportart.

Mit Glück verhält es sich also wie mit Kondition: Man muss es sich erarbeiten!

ZIEL #46

SELBSTVERTRAUEN

Ich erstrahle im NETZ

Ganz, ganz oft gelikt werden – in dunklen Stunden des Selbstzweifels kann einen das wieder aufrichten. Wenn das Selbstvertrauen unter null sinkt, verhelfen uns die Likes zu einem Ego-Trip der besonderen Art, und vielleicht schaffen wir es, obendrein auch noch ein paar individualisierte Komplimente zu ergattern.

FÜR SIE GETESTET:

OFFENSIVE »SELBSTAUFWERTUNG«

Ein Foto veröffentlichen, das Sie mysteriös und gleichzeitig attraktiv erscheinen lässt.

Ein Foto von einem Infinity Pool posten – es braucht ja keiner zu wissen, dass man »nur« im Harz wandern gegangen ist.

Bei einer total angesagten Bar ein Tag setzen.

Vielsagende Hashtags erfinden:
#umdiehäusergezogen
#manlebtnureinmal

Nichts ist so wirksam wie ein »Like«, um sein Ego zu pimpen!

Ich gehe
auf den Grund meiner
Träume.

Jean-Jacques Goldman

ZIEL #47

ZUFRIEDENHEIT

Ich mixe mir

EINE SCHALE

Energie

Was hilft einem besser,
in Höchstform zu kommen,
als ein H&H-Frühstück: Happy & Healthy?

ÉMILIE

AUTORIN EINES KOCHBLOGS, VERRÄT UNS IHR REZEPT FÜR EINE BLAUBEEREN-FEIGEN-SMOOTHIE-BOWL:

FÜR 1 SCHALE

SMOOTHIE:

- 125 g tiefgekühlte Heidelbeeren
- 6 frische Feigen (gründlich waschen, da die Schale mitverwendet wird)
- 15 cl Mandelmilch

TOPPING:

- Buchweizenkörner
- Kokosraspeln
- Mandeln
- 1 Feige
- einige Heidelbeeren

ZUBEREITUNG:

Alle Smoothie-Zutaten in einen Mixer geben und zu einer homogenen Masse zerkleinern. Den Smoothie in eine Schale gießen. Die restliche Feige vierteln. Kokosraspeln, Mandeln, Buchweizenkörner, Heidelbeeren und Feigenviertel auf dem Smoothie verteilen.

Ein echtes Energiekonzentrat!

ZIEL #48

SELBSTÜBERWINDUNG

#GoGirl

Ich schreite zur Tat …

JETZT SOFORT!

ICH HÖRE MIT DEM AUFSCHIEBEN AUF!

Machen Sie Pläne für die nächste Woche. Sie brauchen ein Heft mit 234 Seiten, kariert, einen Holzbleistift HB … Nein, wir machen nur Spaß! Aber legen Sie trotzdem eine Liste all der Dinge an, die erledigt werden müssen (z.B. die Glühbirne im WC wechseln, dort muss man seit Tagen im Dunkeln pinkeln). Als Nächstes stellen Sie einen Wochenplan auf, in den Sie an jedem Tag eine Aufgabe eintragen. Besonders Kreative können ein Bullet Journal anlegen. Diese Planungsmethode wurde von dem amerikanischen Designer Ryder Carroll erfunden.

Am Ende dieses Buchs wartet eine Überraschung auf Sie!

Auf gutes Wetter warten :)
Unter-lagen ordnen
Treffen mit Paul
Mama anrufen

ZIEL #49

LOSLASSEN

Ich bereichere mein Leben mit MUSIK

Musikhören verbessert einige wichtige Gehirnfunktionen, insbesondere das Gedächtnis, die Lernfähigkeit, die Konzentration und sogar die Motorik … (ja, auch die Dudelmusik im Aufzug trägt ein bisschen dazu bei!)

Dem niederländischen Neurowissenschaftler Jacob Jolij zufolge gibt es sogar einen Song, der bestimmte Kriterien erfüllt und uns dadurch glücklicher macht: »Don’t Stop Me Now« von Queen!

WELCHE MUSIK
HEBT IN JEDER SITUATION
IHRE STIMMUNG?

Meine Glücks-Playlist:

TOP 5 FILME, die das Leben verändern

Jeder träumt irgendwann davon, sein Leben zu ändern. Geben wir uns einen Ruck und lassen wir uns von unseren Filmheldinnen inspirieren.

EAT PRAY LOVE

Hier inspiriert uns Julia Roberts (und natürlich die Autorin der literarischen Vorlage, Elizabeth Gilbert). Julia spielt Liz, die nach ihrer Scheidung ein Sabbatjahr nimmt und auf eine spirituelle Reise geht.

WIR KAUFEN EINEN ZOO

Matt Damon spielt einen frisch verwitweten Familienvater, der auf der Suche nach einem neuen Leben einen Zoo kauft und trotz zahlreicher Widrigkeiten auf Vordermann bringt. Wir schauen schnell im Sparschwein nach, ob es auch bei uns für einen Zoo reicht.

BABY BOOM – EINE SCHÖNE BESCHERUNG

Die erfolgreiche Geschäftsfrau JC Wiatt (gespielt von der unvergleichlichen Diane Keaton) kommt unerwartet zu einem 13 Monate alten Baby. Ein anrührender Film darüber, wie es einem gelingt, neue Wege zu beschreiten.

DIE KLEINE PRINZESSIN SARA

Obgleich dies eine Anime-Serie ist, passt die Hauptdarstellerin Sara gut zu den anderen Heldinnen der Lebensveränderung. Die von einem Tag auf den anderen zur armen Waisen gewordene Tochter aus reichem Hause führt vor, wie man sich auch in bedrückenden Lebenssituationen sein Lächeln und sein gutes Herz bewahrt.

MAN LERNT NIE AUS

Robert de Niro spielt einen älteren Witwer, der bei einem Online-Modelabel als »Senior-Praktikant« einsteigt. Wenn er sich im Alter von 70 Jahren im Universum der Start-ups durchsetzen kann, dann sollte es auch für uns nichts geben, was uns aufhält!

ZIEL #50

ZUFRIEDENHEIT

Ich tue, als müsste man für SMS (wieder) BEZAHLEN

Erinnern Sie sich an die Zeit,
als man noch sorgfältig zählte,
wie viele SMS man im Monat verschickte,
um sein Limit nicht zu überschreiten?

Heute haben die meisten von uns eine Flatrate
oder nutzen einen kostenlosen Messenger-Dienst
und vergeuden ihre Zeit mit Statements wie:

»Ich hätte doch eine Strumpfhose anziehen sollen,
es ist a****kalt.«
»Ich trinke noch ein Glas und komm dann.«
»Okay, nur noch eines, und dann komme ich.«

WARUM NICHT LIEBER ZU EINER
SINNVOLLEN KOMMUNIKATION ÜBERGEHEN
UND ANDEREN NETTES SCHREIBEN?

Hier ein paar Beispiele:

DIE ROMANTISCHE SMS:
»Mein Leben ist zu einfach. Ich will es vielschichtiger machen … zusammen mit dir.«
(Sechs Tage, sieben Nächte)

SCHLICHT & FUNKY:
»You make my heart go Boom!«

DIE ABENTEUERLICHE SMS:
»Später wird es zu spät sein,
unser Leben ist jetzt.«
(Jacques Prévert)

DIE SMS FÜR DIE BESTE FREUNDIN:
»Lass uns lieber zusammen außergewöhnlich sein
als einzeln gewöhnlich.«
(Grey's Anatomy)

ZIEL #51

SELBSTÜBERWINDUNG

Ich BEGINNE (WIEDER) mit SPORT

Im kommenden Jahr mache ich ernst damit!
Das nehmen Sie sich jedes Jahr an Silvester vor.
Und bald darauf geht es los mit den Ausreden:

»Ich habe mich nachts im Bett verlegt«,
»Ich kann nicht joggen, ich habe Zehenschmerzen«,
»Seit gestern leide ich plötzlich an Asthma« …

Aber dieses Jahr geht es wirklich los!

Hier zwei Ideen von

FABIENNE BROUCARET

AUTORIN VON SPORTBÜCHERN FÜR FRAUEN
UND GRÜNDERIN DES BLOGS *SPORTISSIMA*.
SIE VERRÄT UNS, WIE WIR ENDLICH ZUM SPORT FINDEN.

WAS IST EINFACHER, ALS LAUFEN ZU GEHEN?

Wenn Sie Leichtathletik vom Sportunterricht her in schlechter Erinnerung haben oder befürchten, nicht durchzuhalten, verabreden Sie sich in der Mittagspause mit Kollegen. Oder melden Sie sich bei Laufgruppen an, wie sie Sportvereine und Volkshochschulen an vielen Orten anbieten.

EINEN ALTEN TRAUM VERWIRKLICHEN

Wie wäre es, wenn Sie eine neue Sportart ausprobieren oder aber zu dem Sport zurückkehren, den Sie als Kind so liebten? Ballett, Fußball, Badminton, Fechten, Boxen, Rollerbladen, Yoga, Reiten?

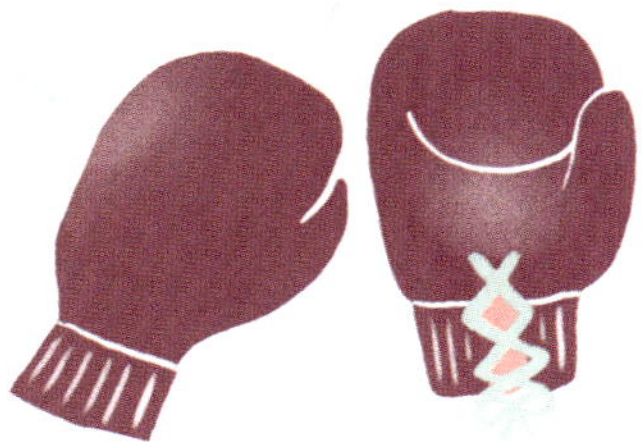

3, 2, 1 … los!

ZIEL #52

ZUFRIEDENHEIT BEWUSSTSEIN

#GOGIRL

Ich schreite zur Tat …

JETZT SOFORT!

ICH ÜBERNEHME
DIE HYGGE-HALTUNG

Zünden Sie eine Kerze an,
streifen Sie die dicken Kuschelsocken über,
gönnen Sie sich eine heiße Schokolade mit Sahnehäubchen
und setzen Sie sich vor ein prasselndes Kaminfeuer.

Genau das ist es:
Das ist Hygge, das Glück
nach dänischer Art!

Hygge

MEINE ZIELE UND ICH

EINE VERABREDUNG MIT SICH SELBST

Los, Mädels! Wir ziehen in Ruhe Bilanz und rufen uns jedes Ziel in Erinnerung!

HELDIN IM ALLTAG, HELDIN MEINES LEBENS!
DIE ZIELE, DIE ICH BEREITS ERREICHT HABE:

WAS HAT ES MIR GEBRACHT?

ZIELE, AN DIE ICH MICH HERANGEWAGT, DIE ICH ABER NOCH NICHT ERREICHT HABE. UND WARUM NICHT?

UND JETZT NICHT NACHLASSEN,

immer weiter!

NUN SIND WIR FERTIG

(… oder auch nicht?)

SIE HABEN DAS BUCH DURCHGEARBEITET UND FRAGEN SICH, OB SICH IN IHREM LEBEN BEREITS ETWAS GEÄNDERT HAT.

Sind Sie denn heute die (natürlich immer noch unperfekte) Heldin Ihres Lebens?

Hier neun Anhaltspunkte, die anzeigen, ob eine Verwandlung eingesetzt hat:

Man hat Sie beim Lächeln erwischt. Das ist nicht mehr passiert, seit 2013 die Tournee von Bruno Mars angekündigt wurde.

Sie befinden sich in mehr als 50 Meter Entfernung zu Ihrem Mobiltelefon und haben (noch) keine Panikattacke bekommen.

Bei der Arbeit hat man Sie schon den ganzen Tag nicht mehr schimpfen oder fluchen gehört. Ein besorgter Kollege brachte Sie zum Betriebsarzt.

Der Bücherstapel auf Ihrem Nachttisch erinnert an die Ratgeberabteilung in einem gut sortierten Buchladen, Schwerpunkt »Glück« und »Persönlichkeitsentwicklung«.

Kollegen überraschten Sie bei einer Unterhaltung
mit einer Grünpflanze.

Ihre Mutter weint jedes Mal, wenn sie Sie sieht –
seit sie den netten Dankesbrief gelesen hat,
den Sie ihr geschickt haben.

Sie wurden früh am Morgen
außerhalb Ihres Betts gesichtet.
Der Dalai-Lama muss sich von nun an warm anziehen.

Sie haben neulich verzückt auf einer Wiese kniend
die Schönheit eines Gänseblümchens bestaunt.

Als Ihr Chef Sie fragte, ob Sie die
eilige Angelegenheit endlich erledigt hätten,
antworteten Sie ihm auf Lateinisch: »Carpe diem!«

Die Verwandlung ist angestoßen.
Aber passen Sie auf, lassen Sie nicht nach!
Denn Glück und Selbstverwirklichung hängen von den
eigenen Gewohnheiten ab. Und ebenso wie eine Leistungs-
sportlerin müssen Sie nun TÄGLICH trainieren,
um die Heldin Ihres Lebens zu bleiben.

JETZT SIND SIE DRAN!

FOTOGRAFIEREN SIE SICH MIT IHREM EXEMPLAR DIESES BUCHES
AN EINEM ORT, DER SIE INSPIRIERT, IHNEN KRAFT GIBT,
AN DEM SIE SIE SELBST SEIN KÖNNEN,
UND TEILEN SIE DAS BILD MIT IHRER COMMUNITY.

WAS MÖCHTEN SIE IHRER COMMUNITY MITTEILEN?
WIE HAT SICH IHR LEBEN VERÄNDERT UND
WIE KÖNNEN SIE IHRE FREUNDE INSPIRIEREN?

MEINE TIPPS FÜR ALLE HELDINNEN DA DRAUSSEN:

ZIEL #12
#GoGirl

HELLO MONDAY!

Für eine Woche, die schön und zen ist,
können Sie sich diesen Planer kopieren:

Montag

Dienstag

Mittwoch

Meine kleinen Freuden:

-
-
-
-
-

Nervig, muss aber erledigt werden:

- ✓
- ✓
- ✓
- ✓

MEIN MANTRA:

ICH WAGE ES!

Donnerstag

Freitag

Samstag

Sonntag

Ich rufe einen Freund an:

ICH ZIEHE BILANZ:

Ich habe mehr Zeit für mich: ein bisschen / viel / sehr viel

Ich habe gute Taten getan: ein bisschen / viele / sehr viele

Ich mische den Alltag auf: ein bisschen / viel / total

Ich schimpfe: ein bisschen / viel / sehr viel

NOTIZEN

NOTIZEN

NOTIZEN

VIELEN DANK

Warum beenden wir dieses Buch nicht so,
wie wir es angefangen haben?
Mit ein paar Zielsetzungen für andere!

Suyapa, Lama und Valérie, wir bitten euch, weiterhin inspirierende Projekte zu machen und immer so hilfsbereit und freundlich zu bleiben.

✿

Marie Bretin, begabte Illustratorin, wir bitten dich, dein Universum und deine Kreativität immer weiter auszubauen.

✿

Jen, wir bitten dich, den Augenblick weiterhin mit so viel Magie und Poesie festzuhalten.

✿

Liebe Leserinnen, wir bitten Sie, immer zahlreicher zu werden und dieses schöne und fröhliche Abenteuer mit uns zu teilen.

✿

Und wir bitten alle Coachs, Blogger und andere Profis, die sich in diesem Buch geäußert haben, uns weiterhin auf ebenso anregende Weise zu inspirieren.

✿

… UND ETWAS PERSÖNLICHER …

France und JM, wir bitten euch, euch weiterhin den Respekt und die Bewunderung eurer vier Kinder und neun Enkel zu verdienen (und das sind sicher noch nicht alle!).

♥

Nany bitten wir, ständig über uns zu wachen, wo du auch sein magst, und uns weiterhin bei unseren Entscheidungen zu unterstützen, so wie du es schon immer getan hast.

♥

Csaba, Popi, Gabriel und Honoré, wir bitten euch, in uns das Bedürfnis zu erhalten, über uns hinauszuwachsen, um euch zu überraschen (und uns auch zu unterstützen!).

♥

Franck und Charlotte, wir bitten euch, immer da zu sein, um euren »kleinen Schwestern« den Weg zu weisen.

♥

Schließlich bitten wir unsere Alltagsaktivistinnen, uns weiterhin zu inspirieren und aus unseren Glücksmomenten die besten Tipps gegen den Alltagstrott zu machen: Fanchon, Fabienne, Isabelle, Jeanne, Karine, Raphaëlle R., Émilie, Virginie, Ségolène, Anne-Laure, Hélène, Raphaëlle T., Priscille, Anne, Lise, Amélie, unsere Schwägerinnen und Schwipp-Cousinen … und alle diejenigen, deren Wege wir kreuzten und kreuzen werden, um über schöne Abenteuer schreiben zu können.

Dank an alle!

UNSERE GLÜCKSSPHÄRE

PERSÖNLICHKEITSENTWICKLUNG

Aurélia Lanson-Villat: www.meditationandthecity.com

Michelle Jean-Baptiste: www.michelle-jean-baptiste.com

Ryder Carroll: www.bulletjournal.com

LIFESTYLE

www.deedeeparis.com

www.mesbonnescopines.com

BÜCHER

Slow Life, Jean-Carl Honoré, Riemann Verlag, 2004.

Magic Cleaning, Marie Kondo, Rowohlt, 2013.

Le bonheur est en vous, Marcelle Auclair, Le Seuil (1951), Points, 2014.

ESSEN

www.chloecuisine.com

MODE

www.marilynetalexia.com

www.balzac-paris.fr

KINDER

www.coolparentsmakehappykids.com

www.mumdaymornings.com

www.petitbec.com

www.sixinthecity.eklablog.fr

SPORT

www.sportissima.fr

TED

www.ted.com

»Was ist ein gutes Leben? – Lehren aus der längsten Studie über Glück« Robert Waldinger

»Carl Honoré lobt die Langsamkeit« Carl Honoré

»Das glückliche Geheimnis besserer Arbeit« Shawn Achor

FILMOGRAFIE

Die kleine Prinzessin Sara
Fumio Kurokawa (1985)

Baby Boom – Eine schöne Bescherung
Charles Shyer (1987)

Dirty Dancing
Emile Ardolino (1987)

Die Waffen der Frauen
Mike Nichols (1988)

Der Club der toten Dichter
Peter Weir (1989)

Harry und Sally
Rob Reiner (1989)

Thelma und Louise
Ridley Scott (1991)

Sechs Tage, sieben Nächte
Ivan Reitman (1998)

Erin Brockovich
Steven Soderbergh (2000)

Bridget Jones
Sharon Maguire (2001)

Die fabelhafte Welt der Amélie
Jean-Pierre Jeunet (2001)

Kill Bill
Quentin Tarantino (2003)

Tatsächlich … Liebe
Richard Curtis (2003)

Die Reise der Pinguine
Luc Jacquet (2005)

Das Streben nach Glück
Gabriele Muccino (2006)

Liebe braucht keine Ferien
Nancy Meyers (2006)

Mamma Mia!
Phyllida Lloyd (2008)

Eat Pray Love
Ryan Murphy (2010)

Brautalarm
Paul Feig (2011)

Wir kaufen einen Zoo
Cameron Crowe (2011)

Merida – Legende der Highlands
Mark Andrews und Brenda Chapman (2012)

Man lernt nie aus
Nancy Meyers (2015)

Das war's?

Noch mehr Lebensfreude
finden Sie auf:

www.groh.de
facebook.com/grohverlag
instagram.com/grohverlag

MIX
Papier aus verantwortungsvollen Quellen
FSC® C023419
FSC www.fsc.org

Die nachhaltige Waldbewirtschaftung und die verantwortungsvolle Gewinnung des Rohstoffs Papier ist uns ein Anliegen. Daher wird dieses Buch auf FSC®-zertifiziertem Papier gedruckt.

ALLES GUTE GLÜCK ZEIT
Motivation Genieß den Moment für
LEBENSFREUDE DICH
SPASS GELASSENHEIT KLEINE FREUDEN
Einen guten Tag ein JA SCHENKEN

Was wäre das Leben ohne Lebensfreude? Recht farblos, ein wenig trostlos und ziemlich langweilig. Dabei ist es doch so einfach, ein wenig Farbe in den Alltag zu bringen. Mit einem lieben Wort, einer guten Tat oder einer kleinen Aufmerksamkeit. Zum Beispiel dieses Buch: bunt auf weiß, ein Lächeln auch an grauen Tagen. Das ist schließlich seit 1928 die Aufgabe von Groh – inspirieren und begeistern, mit Kopf und Herz.

Ihr Joachim Groh

Projektleitung: Jean-Louis Hocq
Redaktionsleitung: Suyapa Hammje
Lektorat: Lama Younès-Corm
Redaktion: Christine Cameau
Grafik und Illustration: Marie Bretin
Fotos: Jennifer Sath (außer das Foto bei #47, © Plus une miette dans l'assiette)
Fotoreproduktion: Axiome
Herstellung: Céline Premel-Cabic

Für die deutsche Ausgabe:
Coverdesign: Büro Hochweiss | Heike Baumgärtner
Satz und Redaktion: bookwise GmbH
Übersetzung: Dr. Cornelia Panzacchi

Textnachweis: Wir danken allen Autoren bzw. deren Erben, die uns freundlicherweise die Erlaubnis zum Abdruck von Texten erteilt haben.

ISBN 978-3-8485-2004-6
Ursprünglich veröffentlicht unter dem Titel:
"Et si vous deveniez l'heroine de votre vie?"

177009-4253-01